Dieter Dambach (Hrsg.)

Megastarke WiTZE

Mit Cartoons von Detlef Kersten

INHALT

Kinder, Kinder! 5

Die liebe Schule 51

Tierisch lustig! 83

Unmenschlich menschlich 105

Spitzen-Witze 145

Kinder, Kinder!

Vati – willst du mal sehen, wie 'ne Stereo-Anlage von innen aussieht?

Von welchen Gaben wird man nicht reich?

Von den Ausgaben

„Vati – warum ist der Elefant so groß?"
„Ich weiß es nicht."
„Vati – warum ist die Erde rund?"
„Keine Ahnung."
„Vati – stört es dich eigentlich, wenn ich dich dauernd frage?"
„Nein, frag nur, sonst lernst du ja nichts."

„Vati, Franz muss die Klasse wiederholen. Er ist sitzen geblieben."
„Das wundert mich gar nicht. Das hat er von seinem Vater. Der ist der größte Esel, den ich kenne."
„Vati … ich bin auch sitzen geblieben."

6

Peter hat ein schlechtes Zeugnis nach Hause gebracht und sein Vater wäscht ihm gehörig den Kopf. Da fragt der Junge nachdenklich: „Was meinst du, Papa, woran es bei mir liegt – an den Erbfaktoren oder an Umwelteinflüssen?"

„Wie groß ist ein Kamel ungefähr?"
„Nicht größer als ich!"
„Wie kommst du denn darauf?"
„Mein Vater sagt immer, ein größeres Kamel als mich gäbe es nicht!"

Zwei Mädchen schleichen um 23 Uhr nachts von einer Fete heim. „Jetzt wird meine Mutter wieder vor Wut kochen!", sagt die eine.
Meint die andere: „Du hast es gut. Ich kriege so spät nie etwas Warmes!"

„Sagen Sie, Frau Blupfer, geben Sie Ihren Kindern noch einen Gutenachtkuss?"
„Ja, aber nur, falls ich noch wach bin, wenn sie nach Hause kommen."

Was ist das? Es steht auf der Wiese, ist weiß und hat blaue Streifen?

Ziege mit Krampfadern

Vati, können wir jetzt mit dem Schwimmenlernen aufhören?

Wieso, macht's dir keinen Spaß mehr?

Doch, schon, aber ich habe keinen Durst mehr.

Werner, warum bist du eigentlich so schlecht in Geschichte?

Na, weil mich der Lehrer nach Dingen fragt, die lange vor meiner Geburt passiert sind.

Klaus fragt seinen Vater: „Stimmt es, dass die Tiere jedes Jahr einen neuen Pelz bekommen?"
„Ja, das stimmt. Aber lass das bloß Mama nicht hören", antwortet der Vater.

Der Lehrer teilt Zeugnisse aus.
Zu Manfred sagte er: „Wenn dein Vater dein Zeugnis sieht, bekommt er graue Haare."
„Oh, da wird er sich aber freuen, denn er hat eine Glatze."

Was ist ein Chirurg?
Ein Aufschneider

Eva betrachtet nachdenklich ihren Vater und entdeckt an seinen Schläfen die ersten weißen Haare. Erschrocken sagt sie: „Du, Papi, du fängst ja an zu schimmeln."

Vater zu Fritz: „Bitte, sag niemandem, wie viel Taschengeld ich dir gebe."
Fritz: „Keine Sorge, ich schäme mich genauso wie du!"

„Papa, wo liegen die Bahamas?", fragt Peter.
„Weiß ich doch nicht ... Du weißt ja, wenn Mutter aufräumt, findet man nie etwas!"

„Wieder habe ich im Lotto keine einzige Zahl richtig!", schimpft der Vater.
„Mach dir nichts daraus", tröstet ihn Julia, „mir ging's gestern in der Mathearbeit genauso."

„Wovon lebst du eigentlich?"
„Von dem, was ich schreibe."
„Und was schreibst du so?"
„Briefe an meinen Vater, dass er mir Geld schicken soll."

Eines Tages gibt der Fernseher seinen Geist auf.
Der Vater sieht sich im Zimmer um und meint erstaunt:
„Kind, was bist du groß geworden."

Weil du heute so artig warst, schenke ich dir einen blitzblanken Euro!

Ach, ist nicht nötig, Tante; ein zerknitterter alter Fünfeuroschein tut's auch!

„Stell dir vor, mein kleiner Hans ist erst acht Monate und sitzt schon", erzählt Frau Müller beim Kaffeeklatsch.
„Nein, nein, die heutige Jugend!", ruft entsetzt Frau Meier. „Was hat der Kleine denn angestellt?"

„Wo ist denn dein Schulzeugnis?", fragt der Vater seinen Sohn.
„Das habe ich Hans geliehen, er will seinen Vater erschrecken."

Was kann man leicht verlieren, obwohl man es immer bei sich hat?

Den Kopf

Heute habe ich zum ersten Mal Geld verdient; ich hab deine Uhr verkauft!

Großvater ist zu Besuch und fragt seinen
Enkel: „Na, wie geht es denn so, Peterchen?"
„Ach, so weit ganz prima, Opa. Nur mit
deinem Sohn habe ich etwas Ärger!"

„Du, Vati, wächst du eigentlich immer noch?"
„Wieso denn, Theo?"
„Tja, dein Kopf kommt ja schon oben aus
den Haaren heraus!"

Ein Student telegrafiert nach Hause:
„Wo bleibt das Geld?"
Antwort vom Vater: „Hier!"

Zum Muttertag wünsche ich mir, dass du artiger wirst.

Zu spät! Ich hab dir schon was anderes gekauft.

Der Kleine zum Vater: „Ich möchte kein Spielzeug, ich möchte einen echten Colt!"
„Du bekommst einen Kindercolt!"
„Ich will aber einen echten."
Vater: „Schluss jetzt. Wer befiehlt hier? Ich oder du?"
Sohn: „Im Moment du ..., aber wenn ich einen echten Colt hätte ..."

Warum darf man keine Rätselfragen stellen?

Weil man sich darüber den Kopf zerbrechen kann.

Arzt zu seiner Tochter: „Hast du dem jungen Mann gesagt, dass ich nicht viel von ihm halte?"

„Ja, Papa."

„Und was hat er darauf geantwortet?"

„Dass dies nicht deine erste Fehldiagnose sei."

„Papilein, gibst du Monilein ein Eurolein?"

„Wenn du etwas von mir willst, dann rede normal!"

„Okay, Alter, rück mal 'nen Schein raus!"

Wenn du eine Eins schreibst, bekommst du fünf Euro von mir.

Lass uns ruhig klein anfangen, Vati. Gib mir 'nen Euro für jede Fünf!

„Nun schauen Sie sich bloß mal diesen Typ an: Lange Haare, Zigarette im Mundwinkel, ausgefranste Hosen – ist das nun ein Junge oder ein Mädchen?"

„Na, hören Sie mal, das ist meine Tochter!"

„Oh, Verzeihung, ich wusste ja nicht, dass Sie die Mutter sind."

„Wieso Mutter? Ich bin der Vater!"

„Vati, was ist ein Vakuum?"
„Mensch, Junge, ich hab's im Kopf, aber ich komm nicht drauf!"

Papa kommt nach Hause und wird von seinem Töchterchen herzlich empfangen, während sein Sohn ihn kaum beachtet. Sagt der Vater: „Schau, Heini, wie nett mich deine Schwester begrüßt, und du?"

„Ich hab ja auch keinen Spiegel zerschlagen!"

Was läuft und läuft und hat doch keine Füße?

Das Wasser

„Du bist ein Kamel", schreit Fritz.
„Du bist ein noch größeres", ruft Karl.
Da sagt der Vater: „Ruhig, Kinder, ihr
habt wohl vergessen, dass ich auch noch
im Raum bin."

Fragt der Sohn seinen Vater: „Was sind
denn Idioten? Sind das Tiere?"
„Quatsch!", antwortet der Vater, „das
sind Menschen wie du und ich!"

Als Erika auf Papas Knien schaukelt, stellt sie plötzlich fest: „Papa, du hast ja graue Haare auf dem Kopf, aber einen schwarzen Schnurrbart."
„Ja", erklärt ihr der Vater, „der Schnurrbart ist auch zwanzig Jahre jünger."

Kommen zwei Jungen in eine Drogerie.
„Was möchtet ihr?", fragt die Verkäuferin.
„Unser Vater ist in einen Bienenkorb gefallen!"
„Braucht ihr Salbe?"
„Nein, einen Farbfilm!"

Wer hat den Charleston erfunden?

Eine elfköpfige Familie, die nur eine Toilette hatte

Ich musste mir gestern mit meinen Eltern Tannhäuser ansehen!

Aber ihr habt doch erst letztes Jahr gebaut.

Die Oma singt ihrem Enkel ein Schlaflied vor. Nach einem Weilchen meint der Enkel: „Omi, kannst du nicht draußen weitersingen, ich möchte so gerne schlafen."

Tobby wird von seiner Mutter zum Einkaufen geschickt. Er soll ein Brot kaufen. Mit einer großen Packung Eiscreme kommt er aber zurück. „Die hatten kein Brot mehr", erklärt er, „... und von irgendwas müssen wir schließlich leben."

Was tut man, wenn man in der Wüste plötzlich vor einer Schlange steht?
Man stellt sich hinten an.

Sagt mal, ihr wascht euch wohl überhaupt nicht, was?

Nee, Tante Frieda – wir erkennen uns an der Stimme.

Eine bei der Familie nicht sehr beliebte Tante kommt zu Besuch. Kaum sitzt sie am Kaffeetisch, fragt Anni: „Du, Tante, woher nimmst du eigentlich immer deinen Senf?"
„Was für einen Senf denn?", erwidert diese.
„Papi hat gesagt, du gibst überall deinen Senf dazu."

Fritz erzählt seinem Lehrer: „Übrigens, wir haben jetzt auch ein Telefon."
„Ach, das wusste ich ja gar nicht!"
Fritz ist empört: „Ja, lesen Sie denn gar kein Telefonbuch?"

Warum gehen so wenig Elefanten zur Universität?

Weil sie das Abitur nicht schaffen.

21

Opi, das Schlagzeug, das du mir geschenkt hast, ist mein allerliebstes Geschenk. Ich brauche überhaupt nicht zu spielen und bekomme von Mutti jede Woche 'nen Euro.

Alle gratulieren dem Vater zum Geburtstag und wollen ihm Geschenke geben. Zu Hänschen sagt er: „Von dir, lieber Sohn, wünsche ich mir nichts anderes als ein gutes Zeugnis."

„Zu spät, Papi. Ich habe dir schon eine Zigarre gekauft."

Der Vater zu Peter: „Du hast schon wieder deinen Mund offen stehen!"

„Weiß ich, hab ihn ja selbst aufgemacht."

Was hört ohne Ohren, schwatzt ohne Mund und antwortet in allen Sprachen?

Das Echo

„Maul sagt man nicht, das ist ein hässliches Wort", belehrt die Mutter ihren Sohn.
„Das heißt Mund!"
Einige Zeit später kommt der Kleine aus dem Garten.
„Mutti, Mutti, Papa hat einen Mundwurf ausgegraben!"

„Na, Frau Meier, welche Eindrücke hat denn Ihr Töchterchen aus dem Ferienlager mitgebracht?"
„Eindrücke? Nicht der Rede wert. Aber die Ausdrücke!"

Kein Wort, wenn ein Zug darüber fährt.

Was versteht man unter einer Eisenbahnbrücke?

Wenn ich dieses hässliche Wort nie wieder höre, bekommst du einen Euro!

Gut, Omi – aber ich kenn noch eins, das ist sicher fünf Euro wert!

Ein Mann spaziert an einer Mauer entlang. Plötzlich saust dicht an seinem Kopf ein Fußball vorbei. Als er wütend hochblickt, bemerkt er ein grinsendes Bubengesicht. „Soll ich dir eine runterhauen?", brüllt er zornig. Höflich antwortet der Junge: „Nein danke, mein Vater hat mir verboten, etwas von fremden Leuten anzunehmen."

„Papa, wie kommt das eigentlich, dass jeden Tag immer genauso viel passiert, wie in die Zeitung hineinpasst?"

Nimm dir mal ein Beispiel an George Washington. Der war in deinem Alter der Klassenbeste!

Und in deinem Alter war er Präsident!

24

Hast du gestern den tollen bunten Regenbogen gesehen?

Nein, wir haben doch keinen Farbfernseher.

Die vierjährige Martina reist mit ihrer Mutter im Zug. Ihnen gegenüber hat ein Mann mit einem Monokel Platz genommen. Nach einer Weile fragt Martina: „Mama, was hat der Mann da im Auge?" Die Mutter beugt sich vor und sagt ihr leise etwas ins Ohr. Nach einer Weile fragt Martina: „Mama, was ist eigentlich ein Fatzke?"

„Hast du ein Foto von deinen
Zwillingsbrüdern?"
„Ja, hier."
„Aber es ist ja nur einer drauf."
„Der andere sieht genauso aus."

25

Was ist das? Mein Erstes frisst die Kuh, mein Zweites ist
der Großvater, mein Drittes kommt aus der Trompete.

Kleopatra

26

Das Telefon klingelt. Klein-Fridolin
klettert auf den Schreibtisch und piepst
in den Hörer: „Niemand ist zu Hause.
Ich bin allein mit meiner Schwester."
„Na, dann hol doch mal deine Schwester
ans Telefon."
Stille. Nach einer Weile hört der Anrufer
wieder Fridolins Stimme: „Tut mir Leid,
Onkel. Ich kriege sie nicht aus dem
Laufstall raus."

„Balduin, du sollst dich doch nicht immer mit anderen Jungen prügeln!", sagt der Vater streng. „Gerade habe ich gesehen, wie du dich mit dem Hans von nebenan gehauen hast. Wer von euch beiden hat denn angefangen?" „Der Hans natürlich. Der hat als Erster zurückgehauen!"

„Papa, deine Uhr ist wirklich wasserdicht. Heute Morgen habe ich sie mit Wasser gefüllt und bis jetzt ist noch kein Tropfen herausgekommen."

Was hat Zähne und kann doch nicht beißen?

Die Briefmarke

Wie siehst du denn aus? Haben 'se dich wieder an den Marterpfahl gebunden?

Viel schlimmer; wir haben 'ne Friedenspfeife geraucht!

27

„Mein großer Bruder", gibt Thomas mächtig an,
„das ist ein Kerl. Der kann einfach alles!"
„So", grinst Jörg hintergründig, „dann lass ihn
mal die Zahnpasta in die Tube zurückdrücken!"

„Heini, warum ist dein Bruder heute
nicht in der Schule?"
„Weil er eine Wette gewonnen hat."
„So ein Unsinn! Welche Wette denn?"
„Wir haben gewettet, wer sich von
uns beiden am weitesten über das
Balkongeländer beugen kann."

28

Das zwei Wochen alte Brüderchen von Martin schreit nun schon seit einiger Zeit mit voller Lautstärke. „Du", sagt Martin zu seiner Mutter, „ich glaube, den haben sie aus dem Himmel rausgeschmissen!"

„Was ist eigentlich ein Reptil?", will Franzi wissen.
„Ein Reptil geht und steht nicht, sondern kriecht immer nur am Boden herum", erklärt der Vater.
„Dann sieht es sicher so aus wie mein kleines Brüderchen!"

Man müsste mitten in der Wüste ein Lokal bauen.

Quatsch, da kommt doch keiner.

Aber wenn einer kommt, was denkste, was der für 'n Durst hat.

Was hüpft im grünen Rock von Baum zu Baum?

Ein Förster, der die Waldwege schont

„Mutti", bettelt Klein-Heini, „ich möchte zu meinem Geburtstag so gerne einen Goldhamster haben."

„Nun, wir wollen mal sehen", meint die Mutter, „was soll es denn sein, ein Männchen oder ein Weibchen?"

„Das ist mir gleich, Mutti, wenn es nur Junge kriegt!"

„Peter, hast du dem Papagei diese hässlichen Schimpfwörter beigebracht?"

„Im Gegenteil, Mutti. Ich habe ihm nur gesagt, welche Wörter er nicht sagen darf."

„So geht das nicht weiter, Fritzchen",
schimpft die Mutter. „Entweder isst
du jetzt leiser, oder ich muss den
Fernseher lauter stellen!"

Peter, ein Großstadtkind, kennt sich ausgezeichnet mit allem aus, was mit Autos zu-
sammenhängt. Als er zum ersten Mal in den
Ferien auf dem Kutschbock eines Landauers
sitzt, bemerkt er, dass das Pferd etwas Rundes
fallen lässt. Entsetzt ruft er dem Kutscher zu:
„Halten Sie an. Das Pferd verliert ja ein
Kugellager!"

Was ist das: Es ist grün und hüpft von Baum zu Baum?
Ein Eichhörnchen im Lodenmantel

Dein Fahrrad
ist auch wieder
aufgetaucht.
Ich hab's im
Fundbüro gesehen!

Kann nicht sein.
Da bin ich
überhaupt
nicht gewesen.

31

Im Berliner Zoo geht ein Vater am frühen
Morgen mit seinem Sohn spazieren.
„Du, Vatta, wieso kiekt der Geier denn
so dämlich?"
Der Vater schaut sich um: „Weil noch
keen Aas da is', Junge!"

Was denkst du, wenn du fünf Elefanten in rosa
Hemden die Straße hinuntergehen siehst?

Die gehören zur selben Mannschaft.

War es ein großer
Scheck, den du
verloren hast?

Nein, etwa
Postkarten-
größe!

32

Hans geht mit seiner Tante in den Zoo.
„Und, wie gefällt es dir?", will sie wissen.
„Sehr gut, da laufen ja alle Schimpf-
wörter lebendig herum!"

Gabi nimmt Reitunterricht. Der Schimmel setzt
sich in Trab. Gabi rutscht aus dem Sattel immer
weiter nach hinten. Nun galoppiert das Pferd,
und Gabi rutscht immer weiter bis zum Schweif.
Da schreit sie: „Schnell, ein anderes Pferd, das
hier ist zu Ende!"

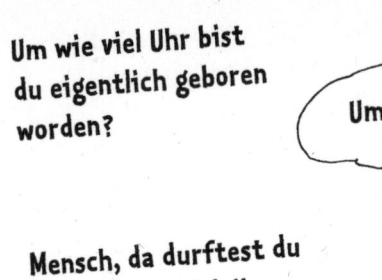

Um wie viel Uhr bist du eigentlich geboren worden?

Um Mitternacht!

Mensch, da durftest du aber lange aufbleiben.

Olaf erzählt freudestrahlend: „Meine große Schwester hatte gestern riesiges Glück. Sie war zu einer Party eingeladen, wo jeder Junge den Mädchen einen Kuss oder eine Tafel Schokolade geben musste."

„Na und?"

„Sie hat zwölf Tafeln Schokolade bekommen."

Peter und Susi sind zufällig hinter einer Bank im Park, auf der sich ein Paar küsst. „Du, was macht das Mädchen denn?", fragt Susi. „Na, sie klaut ihm den Kaugummi!"

Der neunjährige Dieter sitzt abends im Kino.
Eine Dame auf dem Nebensitz fragt ihn:
„So jung und schon allein im Kino? Wo hast
du denn die Karte her?"
„Von meiner Schwester!"
„Und wo ist denn deine Schwester?"
„Zu Hause, sie sucht die Karte!"

„Mama", flüstert der kleine Heinz
während der Ballettvorstellung,
„die tanzen alle auf den Zehenspitzen!
Warum nehmen die nicht gleich
größere Mädchen?"

Wer hat es bequemer, der Kaffee oder der Tee?

Der Kaffee: Er kann sich setzen –
Tee muss ziehen.

Ottos Mutter ermahnt das Söhnchen: „Otto, warum gibst du Elfriede immer das kleinere Stück Schokolade? Hast du nicht gesehen, wie die Henne dem kleinsten Küken stets den größten Wurm gibt?"

„Natürlich, Mutti", gibt Otto zu. „Ich würde es ja auch machen, wenn es Würmer wären!"

„Mutti, wann bin ich eigentlich geboren?"
„Am 16. August."
„So ein Zufall. Genau an meinem Geburtstag!"

Vor wem muss jeder den Hut abnehmen?

Vor dem Frisör

Es klingelt. Als Rölfchen öffnet, steht ein
Polizist vor der Tür. „Ist dein Vater zu Hause?"
„Nein."
„Und deine Mutter?"
„Die hat sich auch versteckt!"

Denk dir, da hat sich an Bord eines Ozeanriesen ein blinder Passagier eingeschlichen und kostenlos eine Weltreise gemacht.

Versteh nicht, warum der das gemacht hat, wo der doch nichts sieht.

Wütend kommt Tinis Mutter ins Obstgeschäft: „Meine Tochter hat bei Ihnen zwei Pfund Kirschen geholt. Als ich nachgewogen habe, war es aber nur ein Pfund!"
Die Verkäuferin schmunzelt: „Ich empfehle Ihnen sehr, besser Ihre Tochter vorher und nachher abzuwiegen!"

Wie kann man Wasser im Sieb tragen?

Als Eis oder Schnee

„Vati, heißt es: ‚schlag mir' oder ‚schlag mich'?"
„Das solltest du doch schon selbst wissen. Natürlich heißt es: ‚schlag mich'."
„Vati, dann schlag mich bitte den Atlas auf."

Die neunjährige Ute sitzt im Zimmer und liest aufmerksam ein Buch. „Was liest du denn da?", fragt die Mutter.

„Ein Buch über Kindererziehung. Schließlich möchte ich wissen, ob ich richtig erzogen werde!"

„Wie kann man nur so ein Theater um das Essen machen", tadelt Omi. „Andere Kinder wären froh, wenn sie nur die Hälfte von all den guten Sachen auf dem Teller hätten!"

„Ich auch, Omi", sagt Carmen.

Was muss man tun, bevor man aufsteht?

Sich hinlegen

Der Schularzt ist da. Er fragt Inge: „Hast du irgendwelche Schwierigkeiten mit der Nase oder mit den Ohren?" „Ja", piepst Inge, „sie sind mir immer im Weg, wenn ich mir den Pullover anziehe."

Hildchen hat Fieber und Max soll den Arzt holen. Aufgeregt sagt er zum Doktor: „Sie möchten gleich kommen, meine kleine Schwester hat Fieber!" „Ist es hoch?" „Nein, bloß zwei Treppen."

Du hast heute ein Brüderchen bekommen.

Oh, prima, das muss ich gleich Mutti erzählen!

Klein-Heini war zum ersten Mal beim Arzt. Als der Vater am Nachmittag heimkommt, fragt er: „Nun, Heini, was hat der Onkel Doktor denn mit dir gemacht?"
„Oooch, weiter nichts", sagt Heini. „Er hat nur mein Handgelenk angefasst und nachgesehen, ob seine Uhr noch richtig geht."

Beim Zahnarzt: „Kläuschen, mach mal deinen Mund auf."
„Da brauchen Sie nicht zu bohren, Herr Doktor, da ist schon ein Loch drin!"

Wie oft kann man von der Zahl 10 die Zahl 2 abziehen?

Einmal, sonst zieht man sie von der Zahl 8 ab.

41

Hast du dich auch richtig gewaschen?

Ja, Mutti!

Hast du im Spiegel nachgesehen,
ob du richtig sauber bist?

Nein, das sehe ich doch
am Handtuch!

Ute saust mit dem Fahrrad um die Kurve
und fährt beinahe eine alte Frau um. Die
schimpft: „Kannst du nicht klingeln?"
„Das schon, aber ich wollte Sie nicht
erschrecken."

42

Was ist das? Es hat Flügel und kann doch nicht fliegen,
aber laufen soll es auch nicht.

Die Nase

Der sechsjährige Udo fährt mit den Eltern an die See. In Hamburg, wo sie umsteigen müssen, sieht er im Wartesaal eine ungewöhnlich hagere, lange Dame. „Papa", fragt Udo, „ist das eine Plattdeutsche?"

Traurig sitzt ein Junge am Straßenrand. Eine Frau fragt ihn: „Warum weinst du denn?" „Ich weiß nicht mehr, welcher Euro für die Schokolade und welcher für das Brot sein soll."

Was steht mitten im Feuer und verbrennt sich nicht?

Das U

Was is'n ein Schöffengericht?

Weiß nicht. Sieh doch mal im Kochbuch nach!

Moni hat sich eine kleine Schildkröte gekauft.
Sagt ihre Schwester Ruth: „Nimm doch mal den Deckel
ab, damit ich sie richtig streicheln kann."

Ein Lehrer spricht im Bus ein kleines Mädchen an:
„Wie heißt du denn?"
„Monika!"
„Und wie alt bist du?"
„Ich bin sechs und gehe schon zur Schule."
Scherzt der Lehrer: „Ich bin 49 und gehe auch
noch zur Schule."
Da grinst Monika verächtlich: „So! Da musst
du aber ganz schön dumm sein!"

„Möchtest du nicht aufstehen?", fragt die energische
Dame den kleinen Fritz in der Straßenbahn.
„Nee, nee, das kenne ich", grinst Fritzchen,
„nachher setzen Sie sich auf meinen Platz."

„Papa, ich habe einen Mann gesehen, der kann Pferde
machen."
„Ach, was du nicht sagst?", zweifelt der Papa.
„Bestimmt! Der Mann hatte ein Pferd schon fast fertig.
Er nagelte nur noch ein Eisen an den Hinterhuf."

45

Was macht denn euer Fußball-Club?

Der existiert nicht mehr.

Wieso, habt ihr die Lust am Spielen schon verloren?

Nein, aber den Ball!

Vater: „Nun, mein Sohn, hast du dich bei der Lehrerin entschuldigt, dass du ihr auf den Fuß getreten hast?"

„Ja, Vater, und sie hat mir eine Schokolade geschenkt."

„Und wie hast du reagiert?"

„Ich trat ihr auch auf den anderen Fuß, damit ich noch eine Schokolade bekomme."

Der kleine Junge leckt am Kleid der Tante, die gerade zu Besuch gekommen ist. „Du hast Recht, Mutti, das Kleid der Tante ist wirklich geschmacklos!"

Was sticht und tut doch nicht weh?

Die Trumpfkarte

Der Kontrolleur in der Straßenbahn:
„Nein, Kleiner. Für die Kinderkarte bist du schon zu groß. Du musst voll bezahlen!"

„Okay, dann lassen Sie aber auch das kindische Duzen!"

Wie viel wiegt der Mond?

Ein Pfund, denn er hat vier Viertel.

Der Lehrer fragt die Tochter eines bekannten Schriftdeuters: „Nun, was hat denn dein Vater zu meinem Kommentar unter deinem miserablen Aufsatz gesagt?"

„Er hat die Zeilen lange studiert und dann festgestellt: ‚jähzornig, schwierig zu behandeln, will immer Recht haben und ist selbst nicht immer aufrichtig'!"

Die Mutter kommt vom Einkaufen zurück und fragt ihre Tochter:
„Ist jemand gekommen?"
„Ja."
„Wer?"
„Du."
„Nein, ich meine, ob jemand hier war?"
„Ja."
„Wer?"
„Ich!"

Mutti – mit dem Baden wird's noch dauern – das Wasser läuft so langsam ein!

Zwei stolze Mütter fahren ihre einjährigen Sprösslinge spazieren. Dabei stellen sie fest, dass ihre Kinder am gleichen Tag geboren wurden. „Meine Steffi hat heute ihr erstes Wort gesprochen", erzählt die eine Mutter stolz. Da richtet sich das zweite Baby auf und fragt: „Was hat die Kleine denn gesagt?"

**Wie kann man beweisen,
dass Müßiggang schwer ist?**

Aller Anfang ist schwer.
Müßiggang ist aller Laster Anfang.
Also: Müßiggang ist schwer.

Welcher Zug hat keine Räder?

Der Durchzug

Schönen Dank für's Geburtstagsgeschenk, Tante Käthe.

Ach, das ist doch nicht der Rede wert!

Ja, das finde ich auch, aber Mutti meint, ich müsse mich trotzdem bedanken!

„Mutti", sagt der kleine Peter, der schon etwas in der Zeitung lesen kann, „hier steht, dass das Theater Statisten sucht. Was ist denn das?"

„Statisten, mein Junge, sind Leute, die nur herumstehen und nichts zu sagen haben."

„Aber Mutti, das wäre doch etwas für Papa!"

Zwei Jungen stehen vor der Kirche, aus der gerade ein Brautpaar tritt. Sagt der eine: „Soll ich die mal erschrecken?" Dann rennt er auf den Bräutigam zu und ruft: „Hallo, Papi!"

Was dreht sich immer rundherum und wird doch nicht schwindlig?

Die Erde

Die liebe Schule

Der Schulrat sitzt in einer Klasse, um den Unterricht zu prüfen. Da dringt aus der Nachbarklasse lautes Geschrei herüber. Der Schulrat läuft wutentbrannt ins Nebenzimmer, packt sich den größten Schreihals und nimmt ihn mit sich zurück. Danach wird es still, und eine Weile später klopft es an der Tür. Ein Schüler fragt: „Können wir jetzt unseren Lehrer wiederhaben, Herr Schulrat?"

„Gehst du eigentlich gerne in die Schule?",
wird Ute von ihrer Tante gefragt.
„Ich gehe gerne hin und genauso gerne
wieder zurück, nur die Zeit dazwischen
gefällt mir weniger."

„Wir haben nun also gesehen, dass das
männliche Gehirn das weibliche an Größe
übertrifft", doziert der Lehrer in einer
Mädchenklasse. „Was folgt daraus?"
Stimme aus der Klasse: „Dass es nicht auf
Quantität ankommt!"

In welchem Falle ist 2 x 2 = 6?

In keinem Falle

53

Die Lehrerin: „Otto, singe mal die Note C!"
Otto singt. „Ausgezeichnet, und jetzt
bitte die Note F!" Otto singt wieder. „Sehr
schön, und jetzt G!"
„Gern", strahlt Otto und geht.

Der Lehrer stöhnt: „Seit zwanzig Jahren
bin ich jetzt schon Lehrer. Karl, was
glaubst du wohl, welche Wörter ich am
häufigsten von Schülern gehört habe?"
„Ich weiß es nicht."
„Genau richtig!"

54

In der Religionsstunde spricht der Lehrer über das Jüngste Gericht. „Donner wird grollen, Blitze zucken, alle Mauern stürzen ein, die Sintflut verschlingt alles, die Toten steigen aus den Gräbern …"
Andreas: „Bekommen wir dann schulfrei?"

„Ich verstehe nicht, Vati, warum ich Englisch lernen soll!"
„Aber Kind, die halbe Welt spricht doch Englisch."
„Und, genügt das nicht?"

Welche Uhr zählt nur die schönsten
Stunden des Tages?
Die Sonnenuhr

Mami, unser Klassenlehrer ist prima; ich hab ihn furchtbar gern. Deshalb will ich noch ein Jahr in seiner Klasse bleiben!

„Herr Lehrer, kann man für etwas bestraft werden, was man nicht gemacht hat?"
„Nein, das wäre ja ungerecht."
„Toll, ich habe nämlich meine Hausaufgaben nicht gemacht!"

Wer geht übers Feld und bewegt sich nicht?

Der Feldweg

Die Oma möchte wissen, wie die Enkelkinder in der Schule sind. Sabine berichtet stolz: „Ich bin die Erste im Rechnen."

Kurt kann auch stolz sein: „Ich bin der Erste im Turnen." Dann wendet sich Oma dem Kleinsten zu: „Na, Ernstchen, und du?"

Ernst strahlt sie an: „Oma, ich bin der Erste auf dem Schulhof, wenn es zur Pause klingelt!"

Der Lehrer fragt: „Was sind Mumien?"
Der kleine Meier meldet sich: „Eingemachte Könige."

57

Endlich ist es geschafft. Aber dann kommt der Vater eines Abiturienten ins Büro des Direktors: „Wie können Sie behaupten, mein Sohn hätte bei der schriftlichen Arbeit abgeschrieben? Ihnen fehlt doch jeder Beweis!"

„Meinen Sie? Ihr Sohn saß neben der Klassenbesten und hat die ersten vier Fragen genauso beantwortet wie sie."

„Na und? Er hat eben gelernt."

„Mag ja sein", meint der Direktor, „aber die nächste Frage hat das Mädchen beantwortet mit ‚Weiß ich nicht'. Und Ihr Sohn schrieb: ‚Ich auch nicht!'"

Wenn das deine Lehrerin sehen würde!

Keine Angst – ich geh noch nicht zur Schule.

In der Naturkundestunde hat Emil mit seiner
Lupe ein Loch in den Fenstervorhang gebrannt.
Der Lehrer, der ihn dabei ertappt hat, droht:
„Weißt du auch, was du jetzt verdient hast?"
Emil lenkt schnell ab: „Herr Lehrer, ich bin nicht
in der Schule, um etwas zu verdienen, sondern
um zu lernen!"

Otto fällt zum zweiten Mal durch eine
Prüfung. Sein Kommentar: „Da konnte
ja nicht gut gehen.
Derselbe Saal, dieselben Prüfer, dieselben
Fragen!"

Was lässt sich nicht mit Worten ausdrücken?

Der Schwamm

Wenn ich ein Stück Papier in vier Teile zerreiße, habe ich vier Viertel, und wenn ich es in tausend Stücke zerreiße, was habe ich dann?

Konfetti!

„Erwin, warum durften Adam und Eva nicht die Äpfel vom Baum der Erkenntnis essen?"
„Vielleicht waren sie gespritzt, Herr Lehrer?"

Ein Sparz mit Schneeketten

Was ist das? Es sitzt in der Dachrinne und rasselt.

Lehrer: „Wer kann mir sagen, warum die Küken aus den Eiern schlüpfen?"
Fritz: „Weil sie Angst haben, gekocht zu werden."

Aufsatzthema: „Wenn ich ein Millionär wäre …"
Fritzchen sitzt da und schreibt nichts.
„Warum schreibst du denn gar nichts?"
„Ich warte auf meine Sekretärin."

Tobias hat die Schule satt: „Überall reden sie vom Lehrermangel, bloß bei uns fehlt nie einer."

Was macht ein junges Entchen, das über eine Brücke watscheln will, vor der eine Tafel steht mit der Aufschrift: „Brücke betreten verboten"? Das Entchen kann aber weder fliegen noch schwimmen.

Es watschelt weiter, weil es nicht lesen kann.

… und kann sich einer etwas Schlimmeres vorstellen als eine Giraffe mit Halsweh?

Doch. Ein Tausendfüßer mit Hühneraugen.

Nach dem ersten Schultag kommt Peter mürrisch nach Hause. „Na, wie war es denn?", fragt sein Vater.

„Ganz nett, aber leider muss ich morgen noch mal hin. Der Lehrer ist nicht fertig geworden."

Lehrer: „Bilde einen Satz mit Pferd und Wagen, Heini!"
„Das Pferd zieht den Wagen."
„Gut, und nun die Befehlsform!"
„Hü!"

Das Ganze ist Fleisch. Nimmt man den ersten Buchstaben weg, ist es auch Fleisch.

R-auchfleisch

Unseren Rechenlehrer soll einer verstehen; gestern waren bei ihm 5 und 5 = 10, und heute sind 6 und 4 = 10.

Gut, dann beginnen wir
noch mal von vorne:
Eins und eins
sind zwei ...

„Was hast du denn in den Ferien erlebt, Tina?"
„Nicht viel, Herr Lehrer. Es reicht auf gar
keinen Fall für einen Aufsatz ..."

Lehrer: „Kann mir jemand einen
anderen Ausdruck für Staubgefäße nennen?"
Kurt: „Mülleimer, Herr Lehrer!"

„Na, wie war die erste Englischstunde?"
„Ganz gut, aber es kamen irrsinnig
viele Fremdwörter vor."

Warum ist es wichtig, dass man Rüben gut sieht?

Weil es keine Hasen mit Brillen gibt

63

Helga kommt schon wieder zu spät
zur Schule. Der Lehrer fragt sie wütend:
„Hast du denn keinen Wecker?"
„Doch, aber der läutet immer schon,
wenn ich noch schlafe!"

Der Lehrer fragt: „Hans, warum hast du
gestern gefehlt?"
„Weiß ich nicht, Herr Schröder, ich hab
vergessen, die Entschuldigung zu lesen!"

„Karlchen, woher wissen wir, dass die
Erde rund ist?", fragt der Lehrer.
„Das sehen wir am Globus, Herr Lehrer."

Lieber Gott, lass bitte Paris
die Hauptstadt von England
sein – sonst ist mein
Aufsatz falsch.

Vati, du hast mir doch fünf Euro zur Versetzung versprochen?

Ja, und?

Da kann ich dich ja beruhigen. Die hast du gespart!

Der Sohn des Eisenbahners kommt vom ersten Schultag nach Hause. „Alles Schwindel!", klagt er. „An der Tür steht 1. Klasse, und was ist? Lauter Holzbänke!"

Es ist obenrum weiß, untenrum grünrot kariert und meckert. Was ist das?

Ziegenbock im Schottenrock

Lehrerin: „Hat schon jemand von euch etwas von dem
Blasorchester in Amerika gehört?"
Schüler: „Nein, so laut spielen die jetzt wirklich nicht."

„Wer von euch kann mir ein Beispiel von Zufall nennen?"
„Ich, Herr Lehrer. Mein Vater und meine Mutter haben
zufällig am gleichen Tag geheiratet."

„Peter, wasch dir noch einmal die Hände,
bevor du in die Schule gehst!"
„Warum denn? Ich melde mich doch fast nie."

Die Lehrerin erkundigt sich: „Wie kommt es, dass alle deine Rechenaufgaben plötzlich richtig sind?" „Mein Vater ist verreist."

Im Deutschunterricht fragt der Lehrer: „Ich bade, du badest, er badet – was für eine Zeit ist das?" Karl: „Samstagabend!"

Der Lehrer lehrt deutsche Grammatik: „Wenn einer sagt, das Lernen macht mir Freude, welcher Fall ist das?" Meldet sich Karl: „Ein seltener Fall, Herr Lehrer."

Was ist mitten in Ulm?

Das kleine L

... und wie war's in der Schule?

Prima.
Der Lehrer hat gesagt, wenn alle so wären wie ich, könnten sie die Schule dichtmachen.

Der Lehrer fragt leutselig: „Na, Sabinchen, wie nennt man einen Menschen, der redet, ohne dass ihm jemand zuhört oder Interesse an seinen Worten hat?"
„Einen Lehrer, Herr Lehrer."

Lehrer: „Wenn die Schüler in den hinteren Bänken so leise wären wie die Schüler, die in den mittleren Bänken Zeitung lesen, dann könnten die Schüler hier vorne wenigstens ungestört weiterschlafen!"

Vor einer Schule ist für die Autofahrer ein Warnschild angebracht: „Überfahren Sie die Schulkinder nicht."
Darunter hat jemand geschrieben: „Warten Sie lieber auf die Lehrer!"

Am Morgen sagt Klaus zu seiner Mutter: „Mutti, kann ich heute mal zu Hause bleiben, ich fühle mich nicht wohl!"
„Wo denn?", fragt die Mutter besorgt.
„In der Schule!", antwortet Klaus.

Wie kann man verhindern, dass ein Kamel durch ein Nadelöhr geht?

Man macht einen Knoten in den Schwanz.

Entschuldigen Sie bitte die kleine Verspätung – ich hatte eine Panne!

Am ersten Schultag fragt der neue Lehrer die Kinder nach ihren Namen. „Ich heiße Sepp", sagt der Erste.

„Sepp? Das heißt Josef", verbessert der Lehrer.

„Hannes", sagt der Zweite.

„Das heißt Johannes, und wie heißt du?", fragt er den Dritten.

„Jokurt."

„Ich wiederhole", sagt der Lehrer, „ein Anonymer ist ein Mensch, der unbekannt bleiben möchte. Wer lacht da?"
Stimme aus der Klasse:
„Ein Anonymer."

Was wird größer, wenn man etwas wegnimmt, und kleiner, wenn man etwas dazutut?

Das Loch

... und wie nennt man die Lebewesen, die im Wasser und auf dem Land leben können?

Matrosen?

70

Was ist der Unterschied zwischen
der Schule und einem Knochen?
Der Knochen ist für den Hund und
die Schule für die Katz!

Der Lehrer fragt: „Wie entsteht Tau?"
„Die Erde dreht sich so schnell, dass
sie dabei ins Schwitzen kommt."

„Werden Lehrer eigentlich auch bezahlt?"
„Natürlich, mein Sohn, wie kommst du darauf?"
„Na, weil wir Kinder die ganze Arbeit machen müssen!"

Jeden Morgen kommen einige Schüler zu spät zum Unterricht. Der Lehrer möchte zuerst versuchen, diese Unart abzustellen, ohne gleich zu strafen. Er fragt die Schüler deshalb: „Was können wir tun, um zu erreichen, dass alle Schüler pünktlich beim Klingeln an ihren Plätzen sitzen?" Antwort aus der letzten Reihe: „Den klingeln lassen, der zuletzt kommt …!"

Was ist der Unterschied zwischen einer Bassgeige und einem Eichhörnchen?
Die Bassgeige ist aus Holz, und das Eichhörnchen läuft im Wald herum!

Rechenstunde: „Ein Haus hat fünf Stockwerke, zu jedem führen zwanzig Stufen. Wie viele Stufen muss ich bis zum fünften Stockwerk hinaufsteigen?"
„Alle!"

Der Geschichtslehrer fragt einen Schüler, der eine Zeit krank gewesen ist: „Wie lange hast du gefehlt?"
„Seit dem Dreißigjährigen Krieg."

Kann ein Schneider die Ordnung der Natur stören?
Ja, indem er Westen nach Osten trägt.

Na, Herbert, was war denn das Deutsche Reichsgericht?

Wahrscheinlich Eisbein mit Sauerkraut.

„Wer kann mir einige Getreidesorten nennen?",
fragt der Lehrer.
Karl meldet sich: „Roggen, Hafer, Gerste, Skat."
„Wie kommst du auf Skat? Das ist doch kein
Getreide."
„Doch, mein Bruder war im Sommer auf dem
Land. Er hat mir erzählt, dass er jeden Abend
mit den Bauern Skat gedroschen hat."

Lehrer: „Was bekommen wir von der Ziege als Nutztier?"
Karl: „Von der Ziege die Milch und vom Bock das Bier."

Und welche Zeit ist das, wenn ich sage: „Ich bin schön"?

Vergangenheit, Frau Lehrerin.

„Wann wurde Rom erbaut?", fragt der Lehrer.

„Bei Nacht, Herr Lehrer!"

„Wer hat dir das denn erzählt?"

„Na Sie! Sie haben doch neulich selbst gesagt,
dass Rom nicht an einem Tag erbaut wurde."

Der Musiklehrer fragt: „Wie nennt
man ein Musikstück mit einem
Mann?"

„Solo."

„Und mit zwei Mann?"

„Duo."

„Und mit dreien?"

Da meldet sich Kurt und sagt:

„Das nennt man Skat, Herr Lehrer."

Wie hoch ist der höchste Berg? Höher als alle andern

Der Lehrer erzählt den Kindern etwas über Gämsen. „Sie sind sehr scheu. Wenn Gefahr droht, warnen sie sich durch schrille Pfiffe." Um den Kindern zu zeigen, was er meint, pfeift der Lehrer auf zwei Fingern: „Ungefähr so."

„Das kann ich nicht glauben!", meint Otto.

„Wieso denn nicht?"

„Wie sollen denn die Gämsen die Pfoten in den Mund kriegen?"

In welcher Stadt kann man seine Frau an der Leine spazieren führen?

In Hannover

„Fräulein, was habe ich denn heute eigentlich gelernt?"
„Das ist aber eine ganz dumme Frage!"
„Ja, das finde ich auch, aber zu Hause fragen sie mich
auch immer so dumm."

Lehrer: „Wozu dient die Haut des Rindes?"
„Um das Fleisch zusammenzuhalten!"

Der Lehrer schreibt an die Tafel: 5 : 5.
„Was heißt das, Heini?"
Heini: „5 zu 5 oder unentschieden."

Auf welchem Pferd kann selbst
der beste Reiter nicht reiten?

Auf dem Seepferd

**Kannst du mir sagen,
zu welcher Familie der Wal
gehört?**

Ich kenne
leider keine
Familie, die
einen Walfisch hat.

77

Der Lehrer dreht den großen Globus einige Male um die Achse und fragt, wie es eigentlich kommt, dass die Erde an beiden Enden etwas abgeplattet ist.

Thomas, der den Eindruck hat, dass der Lehrer ihn anschaut, meint: „Ich habe es wirklich nicht getan. Die war gestern schon so platt!"

„Welchen Nutzen hat die Sonne?", will der Lehrer wissen.

„Überhaupt keinen!", behauptet Fredi. „Nachts ist sie nicht da, und am Tag ist es sowieso hell."

Unser Lehrer ist ganz schön fies: Er stellt haargenau die Fragen, die kein Schüler beantworten kann!

Fritz kommt von der Schule nach Hause. „Wir lernen jetzt Algebra", sagt er stolz zu seiner Schwester. „Toll", staunt diese, „und was heißt ‚Guten Tag' auf Algebra?"

Der Physiker fragt nach der Wirkung
von Kälte und Hitze.
Fritz antwortet: „Hitze dehnt aus,
Kälte zieht zusammen."
„Richtig, nenne mir ein Beispiel!"
„Im Sommer sind die Tage länger,
im Winter kürzer."

Wie viele Seiten hat ein Kreis?
Zwei. Eine Innenseite
und eine Außenseite

Unser Lehrer hat noch nie ein Pferd gesehen.

Kann doch gar nicht sein!

Doch! Ich habe ein Pferd gezeichnet, und der Lehrer wusste nicht, was es ist ...

Was ist das: Es ist rot und fährt rauf und runter?

Eine Tomate im Aufzug

„Einen schönen Gruß von meinem Lehrer soll ich dir bestellen, Papa, und morgen Abend um acht ist Elternabend im kleinen Kreis."
„Wieso im kleinen Kreis?"
„Na ja, du und der Lehrer."

80

Anke hat die kranke Lehrerin besucht. Draußen warten die Klassenkameradinnen. Sie wollen wissen, wie es der Lehrerin geht. „Es gibt keine Hoffnung mehr", sagt Anke betrübt. „Sie kommt morgen wieder in die Schule."

Die Achtklässler wollen die neue Lehrerin gleich gebührend empfangen und setzen sich deshalb auf die Heizkörper, die sich an der ganzen Fensterfront entlangziehen. Gespannt warten sie, was die Neue wohl sagen wird. Die Lehrerin kommt, zieht die Augenbrauen hoch und sagt: „Meine Herren, wenn die Höschen trocken sind, setzen Sie sich bitte wieder auf die Plätze!"

„Wie vermehren sich Igel?", fragt der Lehrer.
Schweigen.
Schließlich meldet sich Franz: „Ganz, ganz vorsichtig!"

Im Unterricht wird über den Menschen gesprochen. Der Lehrer fasst noch einmal zusammen: „Der Mensch kann also mit dem Mund reden, mit den Füßen laufen, mit der Nase riechen und mit den Händen arbeiten."

Olaf protestiert: „Das ist bei meinem Vetter Marius ganz anders. Bei dem riechen die Füße, läuft die Nase, arbeitet das Mundwerk, und reden tut er mit den Händen."

„Kinder, was ist ein Sattelschlepper?", fragt der Lehrer.
„Vermutlich ein Cowboy, der sein Pferd verloren hat!"

82

Tierisch lustig!

Zwei Hunde kommen vom Land zum ersten Mal in eine Großstadt. Erstaunt betrachten sie die völlig fremden Parkuhren.

„Was das wohl ist?", bellt der eine.

„Ganz klar", meint der andere, „die verlangen von uns Klo-Gebühren!"

Zwei Spatzen sitzen auf einem Schornstein. Da fliegt ein Düsenjäger vorbei. Sagt der eine Spatz: „Siehst du, unser Vetter. Der fliegt aber schnell!"

„Kein Wunder, wenn einem der Hintern brennt."

Fridolin sitzt mit seinem Hund im Kino. Sie sehen sich die „Schatzinsel" an. Dabei lacht der Hund dauernd.
„Das ist aber ein merkwürdiger Hund", sagt der Mann neben Fridolin.
„Ja, ich wundere mich auch schon. Das Buch hat ihm nämlich gar nicht gefallen!"

„Na, wie funktioniert Ihre neue Mausefalle?"
„Fantastisch. Heute Morgen lagen schon wieder drei Mäuse davor, die sich über die Technik totgelacht haben."

Hoffentlich gibt's heute keinen Regen mehr – ich hab es satt, dass die Kinder immer drinnen spielen!

Welches ist ein praktisches Tier?

Das Huhn, denn seine Eier passen genau in den Eierbecher

Ein Elefant tritt in einen Ameisenhaufen, und das ganze Ameisenvolk stürzt sich rachsüchtig auf ihn. Bald sieht er aus, als hätte er Sommersprossen. Da schüttelt er sich mächtig, und alle, bis auf eine Ameise, fallen wieder auf den Boden. Die hält sich am Hals des Elefanten fest. Da schreien die anderen von unten im Chor: „Erwin, würg ihn!"

Vater und Sohn sind im Zoo. Vor dem Raubtierkäfig sagt der Vater: „Das ist ein Jaguar." „Ohne Räder, Vati?"

Frohe Ostern!

„Mein Hund ist wirklich gescheit! Jeden Morgen bringt er die Zeitung."
„Was ist da so besonders, das tun viele Hunde."
„Das mag sein, aber ich habe gar keine abonniert."

Sagt die Henne zum Hahn: „Ich habe unsere Küken aufgeklärt und ihnen gesagt, dass sie aus dem Ei geschlüpft sind. Aber jetzt wollen sie wissen, wie sie da hineingekommen sind."

Warum steckt der Vogel Strauß bei Gefahr den Kopf in den Sand?

Wenn er ihn ins Wasser stecken würde, müsste er ertrinken.

87

Der Hahn bringt ein Straußenei in den Hühnerstall.
„Meine Damen, ich möchte Ihnen nicht zu nahe
treten, aber ich wollte Ihnen doch mal zeigen, was
anderswo geleistet wird!"

Zwei Hunde haben sich in der Wüste verirrt.
Knurrt der eine: „Wenn nicht bald ein Baum
kommt, mache ich mir in die Hose."

Eine Fliege fliegt haarscharf an einem Spinnennetz vorbei. Da ruft die Spinne ärgerlich: „Grr, morgen erwische ich dich!" Darauf die Fliege: „Denkste, ich bin eine Eintagsfliege!"

Ein Bauernhof brennt. Die Kühe müssen dringend gerettet werden. Die Feuerwehr spritzt aus allen Rohren. Als der Einsatz beendet ist, meldet ein Feuerwehrmann seinem Chef: „Keine Kuh verbrannt, alle zwölf ertrunken!"

Was ist der Unterschied zwischen einem Pferd und einem Blitz?

Das Pferd schlägt aus, der Blitz schlägt ein.

Warum macht der Hahn die Augen zu, wenn er kräht?

Weil er es auswendig weiß.

Als ich mit unserem Hund beim Tierarzt saß, hörte ich plötzlich die Sprechstundenhilfe rufen: „Herr Doktor, hier ist eine Dame am Apparat, deren Pudel dreißig harntreibende Tabletten geschluckt hat! Sie fragt, was sie mit ihm machen soll."

Ein Mann im Wartezimmer rief daraufhin: „Gassi gehen, aber schnell!"

„Warum können Fische eigentlich nicht sprechen?"
„Dummkopf, sprich du mal mit dem Kopf unter Wasser!"

Mami –
ich hab
Durst.

90

Zwei Spatzen sitzen auf der Fernsehantenne. Sie schluchzt herzerweichend. Er versucht, sie zu trösten. Vergebens. Schließlich schreit er ganz verzweifelt: „Nun glaub mir doch endlich. Ich bin nicht verheiratet. Der Ring ist von der Vogelwarte!"

„Ich kann gut verstehen, warum die Fische nicht anbeißen", erklärt Hans seinem Freund beim Fischen, „die Würmer schmecken ja grässlich!"

Was kann eine Maus genauso gut anhalten wie ein Elefant?

Die Luft

Sag mal –
glaubst du
an Hühner?

Fred hat mit seinem Auto einen Hahn überfahren. Er geht zu dem Bauern, dem der Hahn gehört, um sich zu entschuldigen. Nachdem er den Sachverhalt erklärt hat, sagt er: „Ich werde Ihnen den totgefahrenen Hahn natürlich ersetzen!" „In Ordnung", brummt der Bauer, „dann kommen Sie morgen Früh um fünf Uhr zum Krähen!"

„Guck mal, ein Zitronenfalter."
„Aber der ist doch grün."
„Vielleicht ist er noch nicht reif?"

Warum legt das Huhn Eier?

Wenn es die Eier werfen würde, gingen sie kaputt.

Zwei Weinbergschnecken treffen eine Nacktschnecke. Sagt die eine zur anderen: „Das Unwetter letzte Woche war stärker, als ich dachte. Da kommt schon wieder eine Obdachlose."

Ein Junge kommt mit seinem zitternden Hündchen aus der Praxis des Tierarztes. Da fragt ihn eine mitfühlende Frau: „Was fehlt ihm denn?"
„Er ist geimpft worden."
„Und wogegen?"
„Gegen seinen Willen!"

Welche Vögel legen keine Eier?
Die Männchen

Mensch, zieh doch den Fallschirm!

Brauch ich nicht! Ist doch nur 'ne Übung!

Fritz und Hein am Hafen. Auf einem Segelboot bellt ein Hund. „Kennst du die Rasse?", fragt Hein.

„Natürlich, das ist ein Jachthund!"

Ein Pferd und ein Esel streiten sich, wer von ihnen wertvoller sei. Das Pferd ist besonders stolz auf seine Vergangenheit.

Der Esel aber sagt: „Was willst du denn? Ihr Pferde werdet bald ganz von der Technik verdrängt sein, aber Esel wird es immer geben."

94

Ein Häschen und eine Riesenschlange gehen zusammen essen. Das Häschen bestellt eine große Portion Gemüse. Als der Kellner die Riesenschlange nach ihren Wünschen fragt, mischt sich das Häschen empört ein: „Glauben Sie, ich würde mit einer Riesenschlange ins Restaurant gehen, wenn sie noch nicht gegessen hätte?"

Fleht der kleine Tausendfüßler: „Bitte, Mutti, kauf mir nie wieder Schnürschuhe!"

Was entsteht, wenn sich zwei Tausendfüßler umarmen?

Ein Reißverschluss

Klaus ist ganz betrübt. „Was ist denn mit dir los?", fragt ihn Uschi. „Mein Struppi ist mir entlaufen." „Gib doch eine Anzeige in der Zeitung auf." „Was nutzt das schon. Ein Hund kann doch nicht lesen!"

Sensation im Zirkus: Ein Hund steht auf einer Ziege und singt lauthals „Hoch auf dem gelben Wagen …“. Nach der Vorstellung fragt ein neugieriger Zuschauer den Dompteur, ob bei dieser Nummer ein Trick dabei war. „Natürlich“, flüstert der Dompteur leise. „Aber sagen Sie's nicht weiter. Der Hund kann gar nicht singen. Das war die Ziege!“

Aus einem Schulaufsatz: „Ich hätte gerne eine Katze. Ich darf aber nicht, weil mein Vater einen Vogel hat!“

Ein Elefant und eine Maus gehen ins Kino. An der Abendkasse hängt ein Schild: Programm 50 Cent. Der Elefant stutzt, dreht sich um und geht hinaus. Daraufhin fragt ihn die Maus, weshalb er wieder gehe. „50 Cent pro Gramm, das ist mir wirklich zu teuer!", antwortet der Elefant.

Eine Maus und ein Elefant gehen über eine Brücke. Da sagt die Maus zu dem Elefanten: „Hörst du, wie wir trampeln?"

Woran erkennt man, dass ein Elefant im Kühlschrank sitzt?

Dann geht die Tür nicht zu.

98

Eine Schnecke fängt mitten im Winter an, gemächlich einen Baum zu besteigen. Die Kohlmeisen sehen das und wundern sich: „Was willst du denn mitten im Winter auf dem Kirschbaum?"
„Kirschen futtern."
„Aber die sind doch gar nicht reif."
„Wenn ich oben angekommen bin, schon!"

Das Spinnenweibchen will einkaufen gehen. Sagt das Spinnenmännchen: „Nimm bitte das Netz mit, du weißt ja, wie teuer jetzt Plastiktüten sind."

Warum trinkt eine Maus keinen Schnaps?

Sie hat Angst vor dem Kater.

Ein Regenwurm verlässt sein Loch, sieht einen anderen Regenwurm und meint höflich: „Herrliches Wetter heute, nicht wahr?" Er erhält keine Antwort. Trotzdem versucht er es ein zweites Mal: „Hoffentlich bleibt es auch so!" Wieder keine Antwort. Der Regenwurm kriecht in sein Loch zurück und murmelt: „Man wird älter, jetzt habe ich schon wieder mit meinem Schwanz gesprochen!"

„Mama, wie heißt ein Hühnervater?"
„Hahn."
„Und eine Hühnermutter?"
„Henne."
„Und ein Hühnerkind?"
„Küken."
„Mensch, dann gibt es also überhaupt kein Huhn, das Huhn heißt!"

Der Besitzer einer dänischen Dogge klagt beim Tierarzt, sein Hund jage Kleinwagen.
„Alle Hunde jagen Autos", tröstet ihn der Tierarzt.
„Das kann schon sein", sagt der Tierhalter, „aber meiner fängt sie ein und verscharrt sie im Garten."

Bitte reparieren Sie meinen Hund.

Wieso ich? Ich bin Uhrmacher.

Deswegen ja. Er bleibt ja auch dauernd stehen.

Als die Kuh krank ist, fragt der Bauer seinen Nachbarn:
„Was hast denn du deiner kranken Kuh gegeben?"
„Salmiakgeist!"
Nach einer Woche kommt er zurück und sagt: „Meine
Kuh ist gestorben!"
Darauf der andere: „Meine Kuh damals auch!"

Auf einer Hundeausstellung. Ein Schäferhund
sieht einen Mops und fragt ihn: „Wohl mit
80 Sachen gegen einen Baum gerast, wie?"

Welche Mausefalle hat fünf Buchstaben?

Katze

Ist so'n Hund denn auch wachsam?

Klar!
Der bellt sogar, wenn
ich von Einbrechern
träume.

Ein Zauberer, der an einer Kreuzfahrt als Unterhalter teilnimmt, hat einen Papagei mit an Bord gebracht, der ihm jede Nummer verpatzt. „Karte steckt in der Tasche", krächzt er vor dem versammelten Publikum. Oder: „Karte steckt im Ärmel!"
Eines Tages gibt es eine Explosion, und das Schiff geht unter. Zauberer und Papagei retten sich auf einen Balken. Vier Tage lang treiben sie im Meer, und vier Tage lang starrt der Papagei den Zauberer wortlos an. Endlich sagt der Papagei: „Gut, ich gebe auf. Wie hast du das Schiff verschwinden lassen?"

Unmenschlich menschlich

Ein Konditorlehrling soll auf eine Geburtstags-
torte „Herzlichen Glückwunsch" schreiben.
„Wie lange dauert das denn noch?", schimpft
der Meister.
„Nicht mehr lange, ich habe das Ding gleich
in der Schreibmaschine!"

Wozu hat der Bäcker eine weiße Mütze?

Zum Aufsetzen

„War ganz schön schwierig", sagt
der Monteur zur Hausfrau, „aber jetzt
können Sie Ihre Wäsche wieder
schleudern."
„Wäsche schleudern?", fragt sie entsetzt. „Das war doch unser Fernseher!"

**Stell dir vor: Mein Bruder
wird Montag getauft.**

Oje, was für 'n Name!

Zwei Popmusiker treffen sich. »Weißt du, dass ich eine neue Platte gemacht habe?« »Ja, weiß ich.« »Wieso weißt du das?« »Ich habe sie mir gekauft.« »Aha, du warst das!«

Einbrecher-Joe sitzt vor dem Fernseher. Es wird gerade ein Krimi angesagt. „Schnell, Knacker-Ede, komm runter", ruft er seinem Kumpel zu, „es gibt Schulfernsehen!"

Der Chef fragt seine neue Sekretärin: „Wie viel Anschläge schaffen Sie pro Minute?"

Darauf die Sekretärin: „Ja, soll ich hier als Terroristin anfangen oder als Sekretärin?"

Ein Mann kommt zum Zahnarzt und klettert schlotternd in den Behandlungsstuhl. Er fühlt sich offensichtlich nicht wohl. „Aber, ich bitte Sie", tröstet ihn der Zahnarzt, „Sie brauchen gar keine Angst zu haben. Es tut bestimmt nicht weh."

„Lassen Sie die dummen Witze", knurrt der Patient, „ich bin selbst Zahnarzt!"

„Ihr Haar wird langsam grau", sagt der Frisör zum Kunden.

„Kein Wunder bei Ihrem Arbeitstempo!", knurrt der Kunde.

In Kanada findet ein Holzfällerwettbewerb statt. Unter den riesigen Holzfällern ist auch ein kleiner Chinese. Er arbeitet wie der Teufel und ist auch als Erster fertig. Bei der Siegerehrung fragt ihn ein Preisrichter neugierig: „Sagen Sie mal, wo haben Sie denn das Holzhacken gelernt?"

„In der Sahara."

„Aber da gibt es doch gar keine Bäume."

„Jetzt nicht mehr!"

Im Frisörsalon. Der beim Rasieren schon mehrfach geschnittene Kunde verlangt ein Messer.

„Wollen Sie sich etwa selbst weiterrasieren?"

„Nein, nur verteidigen!"

Wer genießt den Sonntag in vollen Zügen?

Der Bahnschaffner

Ein Busfahrer und ein Pfarrer stehen vor der Himmelspforte. Petrus lässt den Busfahrer sofort hinein, während der Pfarrer draußen bleiben muss. „Warum darf ich denn nicht hinein?", will der Pfarrer wissen.

Petrus schmunzelt: „Wenn der Busfahrer gefahren ist, haben die Leute gebetet. Wenn du aber gepredigt hast, dann haben die Leute geschlafen."

Zwei Arbeitskollegen: „Karl, was machst du gerade?"

„Nichts."

„Gut, wenn du damit fertig bist, machen wir Feierabend."

Und wie hoch ist die Ausbildungsbeihilfe?

Am Anfang gibt's 200 Euro – später mehr.

Gut! Dann komm ich später wieder.

Komische Leute! Bestellen einen her, um die Klingel zu reparieren, und dann macht keiner auf.

Der Zahnarzt staunt: „Mein Gott, ein größeres Loch habe ich noch nie gesehen, noch nie gesehen, noch nie gesehen."
„Das brauchen Sie aber doch nicht dreimal zu sagen."
„Das habe ich auch nicht. Was Sie hörten, war das Echo!"

Arzt zum Patienten: „Ihren letzten Scheck hat die Bank nicht angenommen. Er ist zurückgekommen."
„Dann ist es ja gut, mein Rheuma ist nämlich auch zurückgekommen!"

Was sagt der Arzt zum Skelett? Sie kommen aber reichlich spät.

Das Vorurteil

Der Polizist hält einen Radfahrer an und beginnt zu notieren: „Kein Scheinwerfer – 20 Euro, kein Rücklicht – 10 Euro, keine Klingel – 5 Euro. Macht zusammen 35 Euro!" Da dreht sich der Radfahrer grinsend um und sagt: „Mensch, sehen Sie mal, da kommt das Geschäft Ihres Lebens!"

„Wieso?"

„Na, da kommt doch einer ohne Fahrrad!"

„Herr Verteidiger, Sie können sich kurz fassen. Ihr Mandant hat den Einbruch zugegeben."

„So, so. Sie glauben ihm also mehr als mir?"

„Angeklagter, Sie sollen auch gesagt haben:
Der Meier hat eine große Klappe!"
„Das stimmt nicht, Herr Richter! Ich habe
lediglich bemerkt, er könne mit Leichtigkeit
eine Banane quer essen!"

Richter zum Angeklagten: „Sie bekommen
entweder 300 Euro oder 10 Tage Gefängnis."
Darauf der Angeklagte: „In diesem Fall, Herr
Richter, nehme ich selbstverständlich das Geld!"

Herr Meier fährt mit seinem uralten Auto bei Rot über die Kreuzung. Ein Polizist stoppt ihn und sagt barsch: „Fünfzig Euro!" Sofort verlässt Herr Meier sein Auto.
„In Ordnung, der Wagen gehört Ihnen."

Herr Peters hat ein Stoppschild nicht beachtet. Prompt hält ihn ein Polizist an. „Wissen Sie nicht, was das Schild hier bedeutet?"
„Keine Ahnung, aber fragen Sie mal am Kiosk, die wissen's bestimmt!"

Auf welcher Straße kann man weder fahren noch gehen?

Auf der Milchstraße

Herr Doktor, Sie haben mir dieses Röhrchen mit dem Stärkungsmittel verschrieben.

Ja, und?

Ich krieg's nicht auf!

Ich leide so an Gedächtnisstörungen, Herr Doktor!

Seit wann leiden Sie darunter?

An was?

Die Stoßstange

„Ihr Wagen ist völlig überladen! Ich muss Ihnen leider den Führerschein abnehmen", sagt der Polizist zu einem Autofahrer. „Aber das ist doch lächerlich; der Führerschein wiegt höchstens 50 Gramm."

„Auf diese Stunde habe ich zwanzig Jahre gewartet", sagt der Verkehrsrichter zu seinem früheren Lehrer. „Setzen Sie sich da drüben hin und schreiben Sie hundert Mal: Ich habe die rote Ampel nicht beachtet!"

Ein Polizist zu einem angelnden Mann: „Können Sie nicht lesen? Auf dem Schild steht doch: Angeln verboten!"

Daraufhin der Mann: „Ich angle doch gar nicht. Ich bade nur mein Würmlein."

„Das kostet Sie 25 Euro."

„Wieso?"

„Ihr Würmlein trägt keine Badehose."

„Der Gerichtsvollzieher hat sich gestern wie ein kleines Kind benommen."

„Wieso?"

„Alles, was er sah, wollte er haben."

Wettert der Richter: „Sie beleidigen die Würde des Gerichts! Wie können Sie es wagen, als Mann hier Rock und Bluse zu tragen?" Erklärt der Angeklagte: „In der Vorladung stand doch aber: in Sachen Ihrer Frau!"

Ein Zollbeamter kommt in ein Abteil, in dem ein Mann allein sitzt, und fragt: „Alkohol, Zigaretten, Kaffee?" Der Herr antwortet: „Nein danke, davon habe ich selbst den ganzen Koffer voll."

Tante Trude, tut dir eigentlich das Ohr weh?

Wieso?

Na, Vati sagt, er hätte dich wieder übers Ohr gehauen.

Halt, Verkehrskontrolle! Haben Sie etwas getrunken?

Nein, wieso. Ist das jetzt Pflicht?

Wenn er den Kopf zum Fenster hinaussteckt.

Wann befindet sich ein lebendiger Mensch ohne Kopf im Zimmer?

Ein Sechzehnjähriger fährt mit dem Auto herum, bis ihn ein Polizist anhält und fragt: „Kann ich mal Ihren Führerschein sehen?" „Wieso, ich denke, den kriegt man erst mit achtzehn?"

„Herr Richter", beteuerte der Angeklagte immer wieder, „ich bin aber wirklich unschuldig." „Ja, das behaupten alle …" „Sehen Sie, wenn es alle sagen, dann muss es doch stimmen!"

Der Angeklagte verteidigt sich mit allen
Mitteln. „Zugegeben, ich kniete also mitten
auf der Autobahn. Aber damit ist doch
noch nicht bewiesen, dass ich betrunken war!"
„Nicht unbedingt", räumt der Richter ein,
„aber wie erklären Sie es sich, dass Sie versucht
haben, den Mittelstreifen aufzurollen?"

Einer, der Geldscheine wirft

Was ist ein Scheinwerfer?

„Wie zerstreut man eine Volksmenge?", wird der
junge Polizist bei der Abschlussprüfung gefragt.
„Man nimmt die Mütze ab und sammelt!"

Sind Sie nicht der Bursche,
der vorhin den Kleinwagen
gestohlen hat?

Aber nein,
durchsuchen Sie
mich doch!

Was haben Ämter und Bluejeans gemeinsam?

An den wichtigsten Stellen sitzen Nieten.

Ein alter Offizier steigt in ein Taxi und brüllt im Kasernenhofton: „Fahren Sie doch endlich los mit Ihrer Mistkarre!"

Meint der Taxifahrer freundlich: „Na, dann sagen Sie mir doch, wo ich den Mist abladen soll."

„Wie komme ich am schnellsten ins Krankenhaus?", fragt Herr Huber einen Passanten.

„Machen Sie die Augen zu und überqueren Sie die Hauptstraße. Dann werden Sie mit Blaulicht dahin gefahren."

Ich arbeite jetzt im Krankenhaus und verbinde täglich fast 100 Leute!

Bist du denn Krankenpfleger?

Nein. Telefonist!

120

Was macht denn dein Vater so als Bauchredner?

Ach, der verkauft in einer Zoohandlung sprechende Papageien!

„Du, Elli, hast du schon von dem sensationellen Schönheitsmittel gehört?"
„Aber natürlich. Ich verwende es schon seit Wochen."
„Na also! Ich dachte mir doch gleich, dass das Zeug nichts taugt."

„Um Himmels willen, Siegfried, der Stier kommt direkt auf uns zugerast. Was sollen wir nur tun?"
„Jedenfalls nicht nur herumstehen und gaffen. Los, Elfriede, hilf mir schnell auf den Baum rauf!"

Was ist, wenn ein schwarzer Schornsteinfeger in den Schnee fällt?

Winter

Unentwegt starrt der Bub in der Münchner Straßenbahn auf den Kropf des ihm gegenübersitzenden Herrn. Lange hat dieser den Blick ignoriert, jetzt wehrt er sich: „Wannst net bald woanderscht hinschaust, nocha friss i di!" Der Junge grinst: „Schluck doch erst den andern runter!"

In der überfüllten Straßenbahn tippt eine stehende Dame dem sitzenden Burschen auf die Schulter: „Darf ich Ihnen meinen Stehplatz anbieten?"

Herr Ober, bitte bringen Sie mir ein neues Eis – dieses hier ist ja kalt!

Was macht'n mein Essen, das ich vor zwei Stunden bestellt habe?

Zehn Euro fünfzig!

In einem Zug sitzen sich ein US-Soldat und eine ältere Dame gegenüber. Er kaut unentwegt Kaugummi. Schließlich nimmt sich die ältere Dame ein Herz: „Junger Mann, es ist zwecklos, auf mich einzureden, ich bin schwerhörig."

Zwei Freunde im Kino: „Sitzt du auch gut?"
„Ja."
„Siehst du auch gut?"
„Hm."
„Ist dein Sessel bequem?"
„Sehr!"
„Wollen wir nicht tauschen?"

Warum essen die Ostfriesen keine sauren Gurken?

Weil sie mit dem Kopf nicht ins Glas kommen.

Ein kleiner Mann müht sich im Zug vergeblich mit der Notbremse ab. Steht ein starker Mann auf, zieht an der Notbremse und sagt verächtlich: „Muskeln muss man haben!" Kommt der Schaffner rein und verlangt wegen missbräuchlicher Betätigung der Notbremse 60 Euro von dem starken Mann.

Meint der Kleine: „Ja, nicht Muskeln, sondern Köpfchen muss man haben."

„Verzeihen Sie, Herr Hinterhuber, Sie schulden mir noch 100 Euro."
„Schon verziehen, Herr Kollege."

Wie sagt man Postbote ohne o?

Briefträger

„Meine Geduld ist am Ende. Jetzt muss ich Sie schon zum sechsten Mal bitten, mir das geliehene Geld zurückzugeben!"

„Na und? Wie oft musste ich Sie denn bitten, mir das Geld zu leihen?"

Ein Dicker trifft einen Dünnen und sagt: „Wenn man dich sieht, könnte man meinen, eine Hungersnot sei ausgebrochen."
„Und wenn man dich anschaut", antwortet der Dünne, „könnte man glauben, du seist schuld daran."

Was ist Ausdauer?

Wenn man einer Kuh ein Stück Zucker gibt und wartet, bis die Milch süß wird.

„Herr Ober, dieses Brathuhn ist ungenießbar!"
„Das verstehe ich nicht. Es hat doch zwölf Jahre lang auf Hühnerausstellungen erste Preise bekommen."

Ein Gast fragt den Ober: „Können Sie mir etwas Gutes empfehlen?"
„Ja, gehen Sie in ein anderes Restaurant!"

Aus welchen Gläsern kann man nicht trinken?

Aus Brillengläsern

Ich hatte Forellen bestellt – müssen Sie die erst angeln?

Keine Sorge, das haben wir schon vor drei Wochen getan.

Herr Ober, ein Schnitzel, bitte.

Nein, mit Pommes!

Mit Vergnügen.

„Was hat denn der Gast von Tisch 17 ins Beschwerdebuch geschrieben?"
„Nichts, er hat das Kotelett hineingeklebt."

„Herr Ober, ich habe in meinem Brötchen zwei Schrotkugeln gefunden!"
„Na so was, da muss einer die Flinte ins Korn geworfen haben!"

Ein Gast ruft: „Herr Ober, geben Sie mir bitte einen Zahnstocher!"
„Tut mir Leid, zur Zeit sind alle besetzt."

Herr Ober, schnell ein Käsebrot, ich muss weg!

Nehmen Sie doch lieber ein Salamibrot! Das muss auch weg.

Bei strömendem Regen flüchtet ein Schotte in ein exklusives Restaurant. Als der Ober kommt, fragt er ihn: „Ist es richtig, dass man hier sitzen bleiben kann, solange man etwas verzehrt?"

„Sicher, mein Herr."

„Dann bringen Sie mir bitte einen Kaugummi."

Der Kellner beobachtet einen Gast, der sich mit erheblichem Eifer bemüht, den letzten Rest der Suppe auszulöffeln. Der Ober tritt an den Tisch des Gastes und fragt hilfreich: „Soll ich Ihnen vielleicht ein Stück Löschpapier bringen?"

Als der Wirt den Tisch abräumt, meint er leutselig zu seinem Gast: „Ihrer Mundart nach zu urteilen, kommen Sie aus Sachsen!"
Darauf erwidert der Gast nur trocken: „Und Ihrem Hackbraten nach zu urteilen, waren Sie ursprünglich Betonierer."

„In meinem Hotel fühlte ich mich wie zu Hause."
„Ach, du Ärmster. Manchmal hat man eben viel Pech im Urlaub!"

„Wie heißen Sie mit Nachnamen?"
„Zychernsiki-Rzopwrizg."
„Und wie wird das geschrieben?"
„Mit Bindestrich."

Paul und Karl sehen einem Angler zu.
„Beißen sie?", fragt Paul neugierig.
„Wenn du mich in Ruhe lässt, beiße ich nicht", knurrt der Angler.

Was machen die Chinesen mit Colaflaschen?

Sie trinken sie aus.

So, auf Mallorca wart ihr. Wie fandet ihr denn die Insel?

Ach, damit hatten wir gar nichts zu tun. Das hat der Pilot gemacht.

Die künstlichen Blumen brauchst du doch nicht gießen!

Ich hab ja auch kein Wasser in der Gießkanne.

Ein Schotte reißt sorgfältig die Tapete von der Wand. Sein Nachbar fragt ihn: „Tapezieren Sie neu?" „Nein, ich ziehe um!"

„Weshalb liegen Sie denn hier auf der Straße?"
„Weil ich etwas verloren habe."
„Was denn?"
„Das Gleichgewicht."

„Herr Ober, bringen Sie mir bitte das, was der Herr dort drüben isst."
„Gerne, aber ich fürchte, er wird es sich nicht gerne wegnehmen lassen."

Wer liegt im Bett niemals still?

Der Fluss

131

... und es soll ja Fische geben, die ausschließlich von Sardinen leben. Da frag ich mich, wie die wohl die Büchsen aufkriegen.

Was ist, wenn zwei Chinesen auf einen Baum steigen?

Dann sind auf der Erde zwei weniger.

Frau Müller zu ihrer Freundin:
„Du, ich arbeite jetzt beim Theater."
„Was machst du denn dort?"
„Ich verteile Rollen."
„Das ist doch sicher sehr schwierig."
„Nein, auf jede Toilette gehört eine."

Schild am U-Bahnhof: Auf der Rolltreppe müssen Hunde getragen werden! Stöhnt ein Passant: „Oh Gott, wo kriege ich denn jetzt einen Hund her?"

Ein Schiffbrüchiger erzählt: „Wir waren vier Mann in einem Rettungsboot. Zum Schluss hatten wir so großen Hunger, dass wir unsere Schuhe aufaßen. Ich habe als Einziger überlebt."

„Sie waren wohl der Kräftigste?"

„Nein, aber ich habe Schuhgröße 50!"

„Schläft Opa schon?", fragt die Mutter die Tochter.

„Teilweise", antwortet die Tochter.

„Wieso teilweise?"

„Er hat eben gesagt, dass seine Füße eingeschlafen sind."

Was ist, wenn drei Chinesen auf einen Baum steigen? Dann sind unten nicht drei Chinesen weniger, sondern der Ast bricht.

Ein Betrunkener wirft schon das zwölfte Eurostück in den Automaten und holt ein Schinkenbrötchen nach dem anderen heraus. „Glaubst du nicht, dass es mal reicht?", meint ein Freund. Darauf erwidert der Betrunkene: „Jetzt soll ich aufhören, wo ich so eine fantastische Gewinnsträhne habe?"

Urlauber zum Bauern: „Sagen Sie mal, lohnt es sich eigentlich noch, Kühe zu halten, wo es doch heutzutage schon Dosenmilch gibt?"

Warum hängen die Ostfriesen nachts die Tür aus?

Weil sonst jemand durchs Schlüsselloch guckt.

Können Sie Bilder auf die natürliche Größe vergrößern?

Selbstverständlich, mein Herr.

Prima, ich hab da ein Dia vom Matterhorn ...

Warst du schon mal in Amerika? 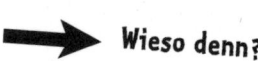 **Nein!**

Dann müsstest du ja eigentlich meinen Onkel kennen. ➡ **Wieso denn?**

Der war auch noch nicht in Amerika!

Im Theater sucht ein Herr auf den Knien den Boden ab. Fragt jemand: „Was suchen Sie denn da?"

„Meine Karamelle!"

„Wegen einer Karamelle brauchen Sie gewiss nicht die Vorstellung zu stören!"

„Meine oberen Zähne hängen aber daran!"

„Jetzt weiß ich endlich, warum die Engländer so fanatische Teetrinker sind!"

„Wieso denn?"

„Ich habe heute ihren Kaffee probiert."

Weshalb streut ein Ostfriese Pfeffer auf seinen Fernseher?

Damit das Bild schärfer wird.

„Guten Tag, ich möchte einen Antrag auf Namensänderung stellen. Ich heiße Brenz."
„Aber der Name ist doch normal!"
„Schon, schon, aber wenn ich telefoniere und mich mit ‚Hier Brenz' melde, kommt immer die Feuerwehr!"

Ein Engländer kommt nach Bayern und trifft einen Bauern. „Hallo, Mister!", sagt der Engländer. Darauf erwidert der Bauer: „Na, i bin net der Mister. I bin der Melker!"

Sturmflut an der Nordsee. Die Halligen melden „Land unter". Auf einem Scheunendach hocken Niels und Jeppe und starren in die trübe Flut.
„Kiek mol, Niels", ruft plötzlich Jeppe. „Da am Deich schwimmt ja eine Schippermütze auf dem Wasser!"
Niels kuckt sich das lange an und meint: „Die schwimmt da nicht, Jeppe. Das ist Jens Harmsen. Der mäht bei jedem Wetter seine Wiese."

Am Heuwagen ziehen vier Ochsen, an der Zigarette nur einer!

Worin besteht der Unterschied zwischen einem Heuwagen und einer Zigarette?

Ich kann nicht mehr!
Können wir uns nicht ein bisschen langsamer beeilen?

137

Warum sind Glatzköpfe so friedliche Leute?

Weil sie sich nicht in die Haare kriegen können.

Eine viel zu dicke Dame steigt auf eine Personenwaage. Es rattert und kracht in der Maschine, nachdem sie eine Münze eingeworfen hat. Dann fällt eine Karte aus dem Ausgabekasten. Voller Bestürzung liest die Dame: „Bitte nicht in Gruppen auf die Waage stellen."

„Hier hab ich Ihnen ein Rezept notiert", sagt der Doktor zu Frau Huber.
Frau Huber: „Ach, kochen Sie auch so gerne wie ich?"

Warum schneidest du denn so viel Brot für die Semmelknödel?

Im Kochbuch steht:
Man schneide
3 Tage altes Brot.

Müller erhält vom Finanzamt Formulare für seine Steuererklärung zugeschickt. Er antwortet: „Anbei sende ich Ihnen mit Dank Ihren Prospekt zurück, da ich nicht beabsichtige, Ihrem Verein beizutreten."

Peter sagt: „Ich bin so stark wie ein Bulle, weil ich sehr viel Fleisch esse!" Meint Fritzchen: „Das kann damit gar nichts zu tun haben, denn ich esse sehr viel Fisch und kann trotzdem nicht schwimmen!"

Wie wird ein Fischernetz gemacht? Man nimmt eine Hand voll Löcher und knotet sie mit einem Bindfaden zusammen.

Schicke Kinderwagen haben die hier, was?

Was macht der Glaser, wenn er kein Glas mehr hat?

Er trinkt aus der Flasche.

Kunde im Sportgeschäft: „Ich habe ein Pferd geerbt und brauche jetzt eine passende Hose. Führen Sie so etwas?"
„Selbstverständlich. Welche Größe hat denn das Tier?"

„Ganz schnell eine Mausefalle bitte, ich muss den Bus noch erwischen!"
„Tut mir Leid, so große Mausefallen führen wir nicht!"

Es klingelt an der Haustür: „Guten Tag, gnädige Frau, ich vertrete Zahnpasta." „Um Himmels willen, aber bitte nicht auf meinem Teppich!"

Waschmaschinenverkäufer bei der Vorführung: „Da, bitte, sehen Sie selbst, ist das nicht fantastisch weiß?" „Schon, aber vorher war es bunt …"

Der Chemiker sagt „H2O"; die Hebamme „OH2".

Was ist der Unterschied zwischen einem Chemiker und einer Hebamme?

Na –
warste wohl
zu gierig?

Gudrun zur Verkäuferin im Warenhaus:
„Hier haben Sie den Fünfzigeuroschein
zurück. Der ist ja falsch!"
„Na, so was! Aber weil Sie so ehrlich
waren, dürfen Sie ihn behalten."

„Hast du schon gehört, Ilse hat ihre
Stelle als Schuhverkäuferin verloren."
„Ach, nee. Weshalb denn?"
„Eine Kundin wollte Krokodilschuhe
haben, und da hat Ilse gefragt, welche
Schuhgröße ihr Krokodil habe."

Warum tragen die Ostfriesen Holzschuhe?

Damit sie sich beim Grasen nicht in die
Zehen beißen.

Ich hoffe, es macht Ihnen nichts
aus – aber die Schuhe werden
in den nächsten Tagen noch etwas
drücken.

Macht nichts –
ich zieh sie erst in der
nächsten Woche an.

Ein Roboter kommt in ein Eisenwaren-
geschäft und fragt: „Haben Sie Wellblech?"
„Natürlich."
„Gut, dann hätte ich gerne zwölf Meter."
„Wozu brauchen Sie denn so viel Wellblech?"
„Meine Frau möchte sich einen Faltenrock
machen."

Im Kaufhaus: „Fräulein, ich
möchte ein paar Unterhosen."
„Lange?"
„Was geht Sie das an? Ich will sie
ja nicht mieten, sondern kaufen."

Warum haben die Ostfriesen so tiefe Stirnfalten?
Damit sie ihre Mütze besser festschrauben können.

143

Warum rennen die denn alle hinter dem Ball her?

Na, wer die meisten Tore schießt, wird Pokalsieger!

Und die anderen?

Die natürlich nicht.

Und warum rennen die auch?

MacMuffel, der Schotte, bringt seinen beiden Kindern einen Luftballon mit nach Hause. „Hier habt ihr etwas besonders Schönes", sagt er. „Nun müsst ihr aber auch redlich teilen!"

Ein Schotte findet auf der Straße eine Packung mit Hühneraugenpflastern. Er sieht sich um, ob ihn niemand beobachtet, geht dann in ein Schuhgeschäft und kauft sich ein Paar zu enge Schuhe.

Warum gehen die Ostfriesen im Dezember durch das Fenster ins Haus?

Weil Weihnachten vor der Tür steht.

Spitzen-Witze

„Du bist ein launischer Mensch, Konrad. Montag, Dienstag, Mittwoch möchtest du Bohnen, und am Donnerstag möchtest du auf einmal keine Bohnen mehr."

Welcher Spieler verliert kein Geld?

Der Geigenspieler

„Und wo haben Sie die Schmerzen zum ersten Mal gespürt?"
„In der Lessingstraße!"

Herr Geiz stellt eine Mausefalle auf. Anstelle des Käses legt er die Werbeschrift einer Käsefirma hinein. Tags darauf findet er in der Falle … ein Foto von der Maus!

Herr Ober, hier ist 'ne Fliege in der Suppe!

Nicht mehr lange! Sehen Sie nicht die Spinne am Tellerrand?

Herr Ober, in meinem Wein schwimmt ein graues Haar!

Na – daran sehen Sie, wie alt er ist!

„Haben Sie sich gerade das Rauchen abgewöhnt?"
„Ja, woher wissen Sie das?"
„Sie drücken immer die Kekse im Aschenbecher aus!"

„Neulich las ich in der Zeitung, man hätte
einen neuen Rembrandt gefunden."
„Nanu, war der alte nicht mehr gut genug?"

Kommt einer zum Optiker und erklärt:
„Ich möchte gerne eine Brille kaufen."
„Weitsichtig oder kurzsichtig?"
„Nein, bitte durchsichtig!"

Ich möchte den Hammer
umtauschen!

Und warum?

Er trifft immer
daneben!

„Ich habe mir vor einer Woche
ein Schloss gekauft!", erzählt
Paul seinen Stammtischfreunden.
„Donnerwetter", staunen die.
„Wo denn?"
„In einer Eisenwarenhandlung."

Die Frage eines Ausländers an eine Dame:
„Sind Sie geheiratet?"
Die Dame verbessert ihn höflich: „Das
heißt nicht geheiratet, sondern ver-
heiratet. Nein, ich bin nicht verheiratet."
„Aha, dann sind Sie also verschieden?"

Wochenlang strahlend blauer Himmel. Die Engel gehen zu Petrus und fragen ihn nach den Wetteraussichten. „Wolkig", sagt Petrus. Darauf die Engel: „Gott sei Dank, dann können wir uns endlich wieder mal hinsetzen!"

„Sie haben mir gesagt, dass ich mit diesem Radio alle Sender hören könnte", beschwert sich eine Kundin im Radiogeschäft.
„Na und, können Sie es denn nicht?"
„Schon, aber immer nur alle zusammen!"

Was ist das Gegenteil von Magnet?

Mag schon

Diese Stereoanlage kann ich Ihnen zum halben Katalogpreis anbieten.

Und was kostet bei Ihnen der Katalog?

„Hier bitte", sagt die Stewardess zu einem
Fluggast, der zum ersten Mal fliegt, „nehmen
Sie einen Kaugummi. Er ist gut gegen das
unangenehme Sausen und Dröhnen im Ohr!"
Als die Maschine später gelandet ist, fragt dieser
Passagier die Stewardess höflich: „Würden Sie
mir bitte verraten, wie ich diesen verflixten
Kaugummi wieder aus dem Ohr bekomme?"

„Mann, Sie müssen die Banane doch
schälen, wenn Sie sie essen wollen!"
„Muss ich nicht, ich weiß ja, was drin ist."

Der Lehrer zu Fritzchen: „Du hast
ja im Urlaub so dicke Backen
bekommen! War das Essen so gut?"
„Nein, ich habe immer nur die
Luftmatratzen aufpusten müssen."

Tanzlehrer zum Schüler: „Es gibt zwei
Dinge, die Sie daran hindern, ein
wirklich guter Tänzer zu werden!"
„Und die sind?"
„Ihre beiden Füße."

151

„Wollen Sie Ihren Ausweis verlängern lassen?"
„Nein danke, ich finde das Format ganz praktisch!"

Herr Huber hat vor kurzer Zeit eine Firma eröffnet. Als nach zwei Wochen endlich ein Kunde vor der Tür steht, tut er so, als hätte er eine gut gehende Firma. Er nimmt den Telefonhörer ab und redet geschäftig. Als er ihn endlich wieder einhängt und den Kunden nach dessen Wünschen fragt, antwortet der verwirrt: „Entschuldigen Sie bitte, ich bin der Telefonmonteur."

Wo haben die Flüsse kein Wasser?

Auf der Landkarte

Ein Bankräuber schiebt dem Kassierer einen Zettel zu:
„Sofort das ganze Geld in meine Tasche!"
Schreibt der Kassierer auf die Rückseite: „Bringen Sie Ihre
Krawatte in Ordnung! Sie werden gefilmt."

Auf der Baustelle fehlt ein Arbeiter. Der Chef
erkundigt sich: „Wo ist Riko?"
„Im Krankenhaus. Er ist eine Leiter hinabgestiegen,
die ein anderer vorher weggenommen hat."

Was beißt und hat doch keine Zähne?

Die Zwiebel

Herr Schindler verkauft Schweißhunde, eine besondere Jagdhunderasse. Er lobt sie als besonders jagdtüchtig. Ein Jäger kauft gleich fünf. Nach einiger Zeit bekommt Herr Schindler von diesem Jäger einen Brief mit folgenden Worten: „Das ‚w‘, das bei Ihren Hunden zu viel ist, fehlt in Ihrem Namen!"

Emil findet einen Spiegel auf dem Sperrmüll. Kritisch sieht er hinein und meint: „Dieses blöde Bild hätte ich auch weggeworfen."

„Wer ist bitte am Telefon?"

„Huber."

„Wer bitte?"

„Na, Huber. Heinrich, Ulrich, Berta, Emil, Robert."

„Schon gut, schon gut. Aber sagt mal, warum ruft ihr denn gleich zu sechst an?"

Was brennt Tag und Nacht und verbrennt doch nicht?

Was hast du zum Geburtstag bekommen?

Das Übliche: Katapult, Luft-gewehr, drei Bälle, Steine.

Komische Mischung.

Gar nicht.
Mein Vater ist Glaser.

Ein Angestellter der NASA meldet seinem obersten Boss:
„Stellen Sie sich vor, die Russen haben den Mond knallrot angestrichen. Was sollen unsere Astronauten jetzt tun?"
„Haben die weiße Farbe dabei?"
„Ich glaube schon."
„Dann funken Sie hoch: Schreibt Coca-Cola drauf!"

„Wissen Sie, warum Minister so ungern mit dem Zug fahren?"
„Nein!"
„Weil die Stationsvorsteher immer rufen: Bitte zurücktreten!"

Drei Gespenster klagen auf einer Party ihr Leid. „Ich muss mir alle zwei Stunden den Kopf abschlagen", klagt das erste.

„Aber, warum denn das?", wird es gefragt. „Ich war der Henker von London."

„Und ich", klagt das zweite, „ich muss mir jede Stunde ein Messer in den Bauch rammen."

„Warum?"

„Ich war Jack the Ripper."

„Das ist noch gar nichts!", meint das dritte Gespenst. „Ich muss alle halbe Stunde unter die kalte Dusche."

„Um Himmels willen, warum denn das?"

„Ich war Wetterprophet beim Fernsehen."

Der Zoologieprofessor zeigt dem Prüfungskandidaten eine Schachtel, aus der nur die Beine eines Vogels herausragen. „Nun, um welche Vogelgattung handelt es sich hier?", fragt der Professor. Jede Antwort des Kandidaten ist falsch. „Durchgefallen!", meint der Professor, „und wie war gleich Ihr Name?"

Da krempelt der Durchgefallene die Hosenbeine hoch, lächelt den Professor an und sagt: „Raten Sie mal!"

Warum dürfen die Nordpolfahrer keine blauen Brillen tragen?

Weil sie sonst die Eisbären für Blaubeeren halten könnten.

Herr Ober, haben Sie Froschschenkel?

Selbstverständlich!

Na, dann hüpfen Sie doch mal in die Küche und holen mir ein Bier!

Nach einem heftigen Knall ruft eine Frau bei der Polizei an. „Beruhigen Sie sich doch", meint der Polizist am Telefon, „das war nur wieder einmal ein Düsenjäger, der die Schallmauer durchbrochen hat."

„Ja, aber warum reißt man die Mauer dann nicht endlich ab?"

Ein deutscher Tourist auf Mallorca.
Ein freundlicher Spanier grüßt ihn:
„Buenos dias!"
„Nein, danke", winkt der Tourist ab, „ich fotografiere selbst!"

Es liegt am Teich und ist rot. Was ist das?
Ein Frosch mit Sonnenbrand

Karlchen kann schon ganz toll rechnen. Sag mal: Was ist fünf mal fünf?

Fünf mal fünf ist zweiundzwanzig.

Na ja, ist ja nicht so schlimm – nur um einen verrechnet!

„Herr Professor, werde ich jemals mit meiner Stimme etwas Richtiges anfangen können?" Gesangslehrer: „Oh doch, sie könnte sehr von Nutzen sein, wenn einmal ein Feuer ausbricht!"

„Mutti, schau mal, der Mann isst seine Suppe mit der Gabel!"
„Pst, sei still!"
„Mutti, Mutti, jetzt trinkt er aus der Blumenvase!"
„Du sollst still sein!"
„Aber Mutti, guck mal, jetzt isst er sogar seinen Bierdeckel auf!"
„Jetzt reicht's mir, gib ihm seine Brille zurück, damit endlich Ruhe ist!"

Was ergibt dreimal sieben?

Feinen Sand

„Warum bist du eigentlich verurteilt worden?"
„Ich habe einige Sachen gefunden."
„Na und?"
„Das Dumme war nur, dass die Eigentümer
die Sachen noch nicht verloren hatten!"

Egon bewundert im Geschäft ein tolles
Motorrad. „Wie lange müsste ich zahlen,
wenn ich dafür jeden Monat 5 Euro
hinblättern würde?"
„Ungefähr 150 Jahre."
„Okay, das Ding ist gekauft!"

Dieser Dreißigeuroschein soll eine Fälschung sein? Woher wollen Sie das wissen, wenn Sie noch nie einen gesehen haben?

Western

Ein Greenhorn besucht den Saloon in Texas.
„Netter Laden", sagt der Tourist, „aber warum habt ihr den Boden mit Sägespänen bestreut?"
„Sägespäne?", lacht einer der Cowboys, „das sind die Möbel von gestern!"

„Ist der Chef schon von seinem Morgenritt zurück?", erkundigt sich der Buchhalter.
„Nein, aber es kann nicht mehr lange dauern, sein Pferd ist schon da."

Kann man denn von der Brieftaubenzucht leben?

Gut sogar: Morgens verkaufe ich 20 Tauben, und abends sind sie wieder hier.

Jim kommt in den Saloon und trinkt einen Whisky. Nach einer Weile geht er wieder. Draußen bemerkt er, dass sein Pferd verschwunden ist. Mit gezogenen Colts stürmt er in den Saloon zurück und brüllt: „Wer hat mein Pferd geklaut?" Niemand rührt sich. Drohend brüllt er noch einmal: „Wenn nicht sofort einer sagt, wer mein Pferd geklaut hat, geschieht das Gleiche wie vor zwei Jahren in Mexico City!" „Was ist denn da passiert, Jim?" „Da musste ich auch zu Fuß nach Hause gehen!"

Hans-Peter fragt in der Buchhandlung nach einem Lexikon. „Dieses kann ich Ihnen empfehlen", sagt der Verkäufer, „es nimmt Ihnen die Hälfte der Arbeit ab." „Okay, dann geben Sie mir bitte zwei!"

Fahrgast: „Ist das mein Zug?"
Bahnhofsvorstand: „Nein, der gehört der Eisenbahngesellschaft."
„Machen Sie sich nicht lustig über mich. Ich meine, ob ich diesen Zug nehmen kann?"
„Nein, mein Herr, dafür ist er zu schwer!"

Ein Mann hetzt zum Schiffsanleger, aber das Schiff ist zwei Meter vom Ufer entfernt.
Der Mann wirft Koffer, Hut und Schirm auf das Schiff. Dann springt er selbst nach und sagt glücklich zum Kapitän: „Gerade noch geschafft, was?"
Der Kapitän: „Wieso, wir legen doch gerade erst an!"

Warum ist der Dieb klüger als der Arzt?

Weil er weiß, was dem anderen fehlt.

Was kommt heraus, wenn aus einem Dreieck ein Ei herausfällt?

Dreck

Bollmann geht zum Arzt und klagt über schlimme Bauchschmerzen. Der Arzt macht eine Röntgenaufnahme. „Erstaunlich!", sagt er. „In Ihrem Magen liegt eine Armbanduhr."
„Weiß ich, weiß ich", erklärt Bollmann, „die habe ich verschluckt, als ich 12 Jahre alt war."
„Und Sie hatten nie Beschwerden?"
„Doch, manchmal beim Aufziehen"

Ist das Ei auch wirklich frisch?

Frisch ist überhaupt kein Ausdruck! Das Huhn, das es gelegt hat, vermisst es noch gar nicht!

166

„Guten Tag, Schulte Beckmann, wie viel
Milch geben denn Ihre Kühe so jeden Tag?",
erkundigt sich ein Reporter.
„Ach, so ungefähr 65 Liter."
„Und wie viel verkaufen Sie davon?"
„Etwa 78 Liter."

Ein Bauer zum anderen: „Wo hast du dir
denn das blaue Auge geholt?"
„Ach, meine Kuh wollte beim Melken
nicht aufhören, mit dem Schwanz
herumzuschlagen. Da habe ich ihr einen
Ziegelstein drangebunden."

Was hältst du von einem Kännchen Milch?

Den Henkel

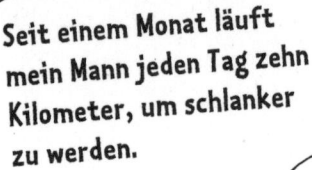

Seit einem Monat läuft mein Mann jeden Tag zehn Kilometer, um schlanker zu werden.

Und, hat er es geschafft?

Weiß ich nicht! Er ist inzwischen an die dreihundert Kilometer entfernt.

„Hör mal, die Feuerwerksraketen, die du mir mit Sonderrabatt verkauft hast, funktionieren überhaupt nicht."

„Versteh ich nicht, ich habe sie extra alle ausprobiert."

Im Museum betrachtet Sabine die Statue eines olympischen Kämpfers, dem ein Bein, eine Hand und die Nase fehlen. Sie geht näher heran und liest auf dem Schild: „Der Sieger". „Au weh", murmelt sie, „wie muss erst der Verlierer aussehen!"

Auf welchem Kissen schläft man nicht?

Auf dem Nadelkissen

168

Zum ersten Mal wird es für die jungen Fallschirmspringer ernst. Der Spieß führt jeden Einzelnen zur Luke und schubst ihn ins Freie, damit keiner kneift. Mit einem Mann hat er besonders viel Arbeit. Der wehrt sich mit Händen und Füßen, landet aber schließlich doch im Freien. Fängt einer der Fallschirmspringer furchtbar an zu lachen. Fragt der Spieß: „Über solch einen Feigling können Sie lachen?"

„Feigling ist gut! Das war unser Pilot!"

Wir sind eins und zwei, und wenn wir uns zusammenfügen, entzweien wir alles, was wir kriegen.

Schere

Ein Cowboy kommt aufgeregt in eine Bar gerannt und schimpft: „Welcher Idiot hat mein Pferd rot angestrichen?" Darauf steht ein Muskelprotz auf. Da antwortet der Cowboy kleinlaut: „Ich wollte nur sagen, dass die Farbe trocken ist. Sie können mit dem Lackieren beginnen."

Zwei Milchflaschen treffen sich. Die eine sagt zur anderen: „Guten Tag!"
Da murrt die andere: „Sei still, ich bin sauer!"

Silvester essen wir grundsätzlich Karpfen blau.

Wir essen auch immer Karpfen.
Aber nüchtern.

Karlchen leiht sich von Fritzchen eine Schallplatte aus. Nach einer Woche bringt er sie völlig zerkratzt zurück. „Was hast du denn mit meiner Platte gemacht?", fragt ihn Fritzchen. „Nichts Besonderes, ich habe nur die besten Stellen angekreuzt!", lautet die Anwort.

„Kein Grund zur Aufregung!", sagt der Pilot, der mit dem Fallschirm auf dem Rücken durch das Flugzeug rennt. „Ich springe jetzt ab und hole Hilfe."

Weiß wirft man es in die Luft, gelb liegt es auf dem Boden!

Das Ei

Mein Herr, Sie haben Glück – es war doch noch was vom Hirsch da.

Ein Geldtransport wird überfallen. Der Räuber zwingt den Bankbeamten mit vorgehaltener Pistole zur Herausgabe des Geldes. Der Beamte hat vorher noch eine Bitte: „Bitte schießen Sie mir noch ein Loch in den Wagen, damit man mir auch glaubt, dass ich tatsächlich überfallen worden bin." Der Räuber tut ihm den Gefallen. „Und noch eines durch den Hut!"

Peng!

„Und noch eines durch meine Aktentasche!"

„Tja", sagt der Räuber, „das tut mir Leid. Ich habe keine Patronen mehr."

„Dann kriegen Sie auch kein Geld!"

Was ist das wertloseste Ding in deiner Hosentasche?

Ein Loch

Ein Sonntagsjäger kommt mit einem enthäuteten Hasen nach Hause. „Wieso ist er denn schon abgezogen?", fragt seine Frau.
„Den habe ich beim Baden erwischt!"

Das Fußballspiel ist aus, alles drängt sich aus dem Stadion. Fritzchen steigt der Einfachheit halber über den Zaun. Da ruft der Platzordner: „He, kannst du nicht da hinausgehen, wo du hereingekommen bist?" Brüllt der Junge zurück: „Tu ich ja!"

Was kann man mit tausend Nullen anfangen? 500 Toilettentüren beschriften

Otto rennt in den Keller und brüllt:
„Papa, Papa, du kannst den Daumen
vom Loch im Wasserrohr nehmen!"
„Ist endlich der Klempner
gekommen?"
„Nein, aber unser Haus brennt."

**Trinkt nur einen Tropfen, und schon
sieht man es ihm an. Was ist das?**

Das Löschblatt

Zwei Tomaten gehen über die Straße. Ein Auto fährt
über sie hinweg. Sagt die eine zur anderen: „Komm,
Ketschup, gehen wir weiter!"

**Du, hier muss gerade ein Zug
vorbeigekommen sein. Man sieht
noch deutlich die Spuren!**

Ich werde nie angerufen!

Du hast ja auch gar kein Telefon.

Stimmt, aber wer weiß denn das schon?

„Hallo, ist dort die Telefonstörungsstelle?"
„Ja!"
„Meine Telefonschnur ist zu lang. Können Sie bitte an Ihrem Ende einmal ein bisschen ziehen?"

Zwei Männer geben an. Prahlt der eine:
„Gestern sah ich einen die Niagarafälle raufschwimmen."
„So?", meint der andere lässig. „Ich sah dich gar nicht, als ich da raufschwamm!"

Ein Elefant klettert auf einen Baum. Wie kommt er wieder herunter?

Er setzt sich auf ein Blatt und wartet, bis es Herbst wird.

Jetzt hast du schon wieder den Fuß zur Seite gestellt. Angeln wir nun, oder tanzen wir Foxtrott?

„Du, Mutti, heute habe ich in einem Zoogeschäft gesehen, dass der Verkäufer Wasserflöhe ins Aquarium getan hat."
„Na und?"
„Also, das finde ich gemein. Die armen Fische können sich doch gar nicht kratzen."

Frau Schulz vorwurfsvoll zu ihrem Mann:
„Ist es denn nötig, dass unser Kleinster so spät noch vor dem Fernseher sitzt?"
„Aber im Programm steht doch, dass es ein Galopprennen für Zweijährige ist."

„Mein neuer Schüler muss Kraftfahrzeug-
mechaniker sein", sagt der Reitlehrer zu
seinem Kollegen. „Wieso?"
„Er kriecht immer unters Pferd, wenn es
mal stehen bleibt."

Jockey zum Rennstallbesitzer:
„Chef, morgen siegt Rex!"
„Das glaube ich nicht!"
„Wenn ich es Ihnen sage. Er
hat eine Abkürzung entdeckt."

Ein Australier hat von seinem Freund einen neuen Bumerang geschenkt bekommen. Seitdem versucht er vergeblich, den alten wegzuschmeißen!

„Kannst du rechts und links unterscheiden?"
„Teilweise, ich weiß nur, wo rechts ist!"

Der Kassierer: „Das ist schon die siebte Eintrittskarte, die Sie kaufen!"
„Ja, da steht ja auch einer, der sie mir immer zerreißt."

Na so was – ich hätte schwören können, dass hier ein Berg stand.

Ein Mann kommt zum Arzt und erzählt:
„Herr Doktor, Herr Doktor, ich habe nachts immer den selben Traum. Immer stehe ich vor einer Tür und zieh und zieh, aber ich kriege sie nicht auf, und da ist ein Schild!"
„Was steht denn auf dem Schild?"
„Bitte drücken."

Zwei Freunde machen eine Radtour. Nach einiger Zeit hält der eine an und lässt die Luft aus den Reifen.
„Warum machst du das?", fragt ihn der andere.
„Ganz einfach, mir war der Sattel zu hoch!"

Wann ist es gefährlich, in den Wald zu gehen?

Wenn der Mai kommt, dann schlagen die Bäume aus.

Gernot fällt in den See. Er wird gerettet.
„Warum bist du nicht geschwommen?",
fragen ihn die Retter.
„Hier steht doch: Schwimmen verboten!!"

„Wie lange hält der Zug?",
fragt ein Fahrgast den
Schaffner.
„Oh, bei guter Pflege
mindestens zehn Jahre!"

„Na, wie fanden Sie das
Wetter heute?"
„Ganz einfach. Ich ging vor
die Tür, und da war es."

„Vati, der Arzt ist da!"
„Sag ihm, dass ich ihn nicht
sehen will. Ich bin krank."

Welches ist das älteste Musikinstrument?

Die Ziehharmonika, weil sie so viele Falten hat.

Anton: „Voriges Jahr bin ich auf dem Eis ausge-
rutscht und habe acht Wochen liegen müssen."
Egon: „Da hast du aber Glück gehabt, dass das
Eis nicht geschmolzen ist."

„Hier steht, dass schon wieder jemand
von der Zugspitze gestürzt ist."
„Selbst schuld. Was hat er auch vorne
auf der Lokomotive zu suchen?"

Wann fällt das Barometer?

Wenn der Haken zu locker in der Wand sitzt.

Wieso liegen denn da so
viele Steine im Bachbett?

Und wo ist der Bach jetzt?

Ist doch klar, die hat der
Bach heruntergespült!

Na ja, er wird oben sein
und neue Steine holen.

Wer hat einen Hut, aber keinen Kopf;
einen Fuß, aber keinen Schuh?

Der Pilz

„Wenn ich in diese Richtung weiter-
gehe, steht da der Kölner Dom?"
„Ja, der steht auch da, wenn Sie
nicht weitergehen!"

Zwei Männer laufen durch die Wüste,
da sagt der eine zum anderen: „Mann,
muss es hier geschneit haben!"
Fragt der andere: „Wie kommst du
denn darauf?"
„Na, sonst hätten sie doch hier nicht
so viel Sand gestreut!"

Was – ein Kreiskrankenhaus suchen Sie?
Nein, so was haben wir hier nicht.
Unser Krankenhaus ist eckig!

182

Ich lasse die ganze Nacht über das Licht brennen; wegen der Einbrecher!

Aber wieso? Die haben doch Taschenlampen!

Herr Neumann: „Wie geht Ihr neues Fahrrad?"
Herr Müller: „Mein Fahrrad geht nicht, es fährt!"
Herr Neumann: „Und wie fährt es?"
Herr Müller: „Es geht."

„Jetzt weiß ich endlich, wie wir Strom
sparen können!"
„So? Wie denn?"
„Ich benutze nur noch eine Steckdose."

„Hat Ihnen die Berührung mit dem
Hufeisen Glück gebracht?"
„Leider nein, das Pferd war noch dran!"

Was ist paradox? Wenn ein Einbrecher ausbricht.

183

Was ist voller Löcher und hält trotzdem das Wasser?

Der Schwamm

Petra fragt Jutta: „Wie war's denn beim Turnier?"
„Nicht so gut. Mein Pferd war zu höflich",
antwortet Jutta.
„Wie meinst du das, zu höflich?"
„Bei jedem Hindernis ließ es mich vorspringen."

Eine Dame kauft einen Trinknapf
für ihren Hund. Der Verkäufer fragt,
ob sie eine Inschrift darauf wünsche,
etwa: ‚Für den Hund'.
„Nicht nötig", erwidert sie. „Mein
Mann trinkt kein Wasser, und der
Hund kann nicht lesen."

Ein Mann trifft einen Gammler und sagt empört: „Mensch, warum arbeiten Sie eigentlich nicht?"

„Wozu denn?"

„Dann verdienen Sie Geld!"

„Und dann?"

„Dann verdienen Sie vielleicht mal so viel Geld, dass Sie nicht mehr arbeiten müssen."

„Mann, wo liegt da die Logik? Ich arbeite doch jetzt auch nicht!"

Ein Mann sitzt in der Badewanne und schimpft: „Idiotische Medizin, dreimal täglich in warmem Wasser einzunehmen!"

Warum läuft der Hase über den Berg? Weil er nicht untendurch laufen kann

An der Tür steht ein Mann, der fürs neue Schwimmbad sammelt – was soll ich ihm geben?

Drei Eimer Wasser dürften wohl reichen!?

Zwei Angler sitzen am Fluss und holen nacheinander ein Paar Schuhe, einen alten Stuhl und eine zerfetzte Hose aus dem Wasser. Darauf sagt der eine: „Komm bloß weg von hier! Da unten wohnt einer!"

„Ich wünschte, ich hätte das Geld für einen Elefanten!"
„Wozu brauchst du denn einen Elefanten?"
„Den brauche ich gar nicht, aber das Geld."

Der Bub vom Huberbauern stürzt ins Gasthaus:
„Semmelbauer, komm schnell, dein Hof
brennt!"

„Was?", fährt der Semmelbauer auf. „Heute
schon?"

„Wegen deiner Bummelei haben wir
jetzt den Zug verpasst!"
„Und wenn du nicht so gerast wärst,
müssten wir jetzt nicht so lange auf
den nächsten warten!"

Sagt ein Roboter zur Tankzapfsäule:
„Nimm deinen Finger aus dem Ohr,
ich will mit dir reden!"

Wie viele Leitern braucht man, um von
der Erde auf den Mond zu gelangen?
Eine, sie muss nur lang genug sein.

Hier bleib ich nicht. Im Zimmer balgen sich ja die Mäuse.

Na ja, Stierkämpfe können Sie für das Geld auch nicht erwarten!

Karsten: „Peter, nimm deinen Hund weg! Ich fühle schon, wie mir ein Floh das Bein raufkrabbelt."
Peter: „Komm weg, Daisy, der Karsten hat Flöhe."

Treffen sich zwei Spiegeleier in der Pfanne.
„Na, wie geht's?", fragt das eine.
„Ach", seufzt das andere, „ich fühle mich heute so zerschlagen."

„Du, stell dir vor, ich habe gestern einen anonymen Brief bekommen."
„Von wem denn?"

Wie grüßen sich Päpste? Gar nicht. Es gibt nur einen.

„Mit dieser Medizin können Sie die ganze Nacht durchschlafen", erklärt der Arzt seiner Patientin. „Sehr gut, und wie oft muss ich sie nehmen?" „Etwa alle zwei Stunden."

„Meinst du es ernst mit deiner Schlankheitskur?" „Na und ob! Ich lese jetzt nicht einmal mehr das Fettgedruckte in der Zeitung."

„Warum ziehen Sie denn ein Seil hinter sich her?" „Schieben geht nicht, hab's schon probiert."

Was geht über das Wasser und wird nicht nass?

Die Brücke

189

Zwei Wanderer kommen in der Wüste endlich an eine Oase. Einer legt sich schnell in den Schatten, aber der andere rennt dauernd um die Oase herum. „Warum machst du denn das?"
„Damit ich einen Vorsprung habe, wenn ein Löwe kommt!"

Frau zum Bahnbeamten: „Muss ich für Kinder auch bezahlen?"
Beamter: „Unter sechs nicht."
„Sehr gut, ich habe nur drei!"

Jedem zeigt er ein anderes Gesicht, aber selber hat er keins.

Der Spiegel

Um Himmels willen, wenn jetzt das Seil reißt!

Das macht nichts – ich hab noch eins daheim.

K.

Die Eier sind ja schon wieder zu hart!

Mach doch die Schale ab, dann wird's weicher!

Bei der Kartenkontrolle: „Sie haben eine Fahrkarte nach Hamburg, dieser Zug fährt aber nach München!"
„Nanu, verfährt sich der Zugführer oft?"

„Benutzt ihr auch die modernen, saugfähigen Papierwindeln?"
„Nein, unser Baby bekommt Trockenmilch und wird nur abgestaubt."

Vor der Kinokasse. „Sie müssen sich hinten als Letzter anstellen."
„Geht aber nicht, da steht schon einer!"

Wie schreibt man Wasser mit drei Buchstaben? Eis

191

Nach welchen Bergen sehnen sich alle Wanderer?

Nach den Herbergen

Zwei Frauen unterhalten sich. „Ist Ihre Wohnung wirklich so nass, wie man gehört hat?" „Und ob, heute Morgen fanden wir einen Fisch in der Mausefalle."

Ein Besucher zu einem Bauernjungen: „Sag mal, wo finde ich deinen Vater?" „Im Schweinestall. Sie erkennen ihn an seinem braunen Hut."

„Vati, schlafen Fische auch?" „Selbstverständlich, wozu gibt es denn sonst ein Flussbett?"